JN234844

こどもといっしょに
たのしく さんすう
小学1〜3年
―考える力を育てる学習法―

渡辺恵津子・著

すごくいい本が出た
―親・教師の座右の銘に

　すごくいい本が出たと、感心することしきりです。保護者の方も、小学校の教師も、塾の先生もみんな、じっくり読むと、いやじっくりなど読まなくとも、なーるほど、こう教えればいいのかと、目からきっと何枚もウロコが落ちると思います。エツコ先生の面目躍如たるものがあります。

　子どもたちの学力「低下」があちこちで指摘され、学校への不安が強くなっています。でも、その最大の要因が、今の子どもたちの気持ちにぴったり合った、なーるほど！　という授業があまり行われていないことにあるのだということは、誰も言わないのはどうしてでしょうか。

　今の子どもたちは、情報や計算機を含めた機械に囲まれた生活をしています。彼らが求めているのは、機械的な訓練でもさらなる情報でもなく、必死で考える体験であり、なーるほどそうだったのかと言える感動であり、みんなで考えるとおもしろい！　という喜びなのです。それが保証されると、子どもたちがどんどん算数好きになっていくことをこの本は見事に示してくれています。

　私も昔、塾で算数を教えていたことがありました。あるとき自然数の集合のことを教えていました。
「こっちが偶数の集合、こっちが自然数全体の集合とすると、この丸で囲んだのは何の集合だ？」
と質問したとき、ある子が怪訝な顔をしてこう言ったのです。
「先生おかしいよ。」
「うん？　何が？」
「だって、自然数って無限にあるんでしょう？」

「そうだよ。」
「だったらおかしい。だって無限にあるものがどうして丸で囲めるの？」……。
　この言葉に私はうなってしまいました。すごいことに気がつく子がいるものだと感心したのです。実はこの問いは数学にとって本質的な問いなのです。

　子どもたちは素直に考えぬくと、大人の予想を超えて本質的な世界に近づきます。そのために本物の知恵を与えることと上手に待つことが大事なのです。そのこともこの本は教えてくれています。
　しばらくはこの本は小学校の子を持つ親の、そして小学校教師の、座右の銘のような本になるのではないでしょうか。大げさでなく私はそう思います。すごくいい本が出ました。

　　　汐見　稔幸（東京大学大学院教育学研究科教授）

もくじ

すごくいい本が出た―親・教師の座右の銘に　汐見稔幸 ……… 2

はじめに　子どもの目線で考える算数 …………………… 8

第1章　1年生の算数

1 「なかまあつめ」って算数なの？ ………………… 12
　1. 石ころ・木切れ・ガラス片の3つは、何のなかま？　13
　2. なぜ、「3」から勉強をはじめるのでしょう？　16
　3. 「なかまあつめ」が大切な理由　16
　■「ぼく、もうかけ算だって知ってるよ」―子どもたちの生活の変化　18

2 「いくつといくつ」って、むずかしいよ ………… 20
　1. 「3と□で10」の意味がわからないよ　20
　2. 「5」が大切なんだね　21
　3. "とりとりゲーム"　23
　■発見の喜びが意欲を育てる　25

3 ウサギとニンジンをたしたらどうなる？ ………… 27
　1. 2ひき＋3ほん＝5ひきほん？―子どもたちの考え　28
　2. たし算の意味いろいろ　30

4 チョコレートを食べて「ひき算」を考える ……… 32
　1. 先生がずるいことをした！―ある日の授業参観　33
　2. ひき算の意味いろいろ　37

5 『にじゅう』ってどうして「20」と書くの？ …… 39
　1. 数え棒つかみ取り大会　40
　2. ひろ子さんの大発見　42
　■番外編―数の歴史　43

6 10をつくろう―「くり上がりのたし算」 ………… 45
　1. ティッシュ箱で考えたよ、8＋6　46
　2. くり上がりのたし算―まとめ　49

夏休み！　遊びながら算数しよう—1年生編 ……………51
　・身のまわりの数字探し　51
　・カード遊びや数あて遊び　51
　♥あわせて10（10の補数見つけ）◆　52
　♥計算しりとり◆　53
　♥数あてゲーム◆　54
　♥オーノー19◆　55
　♥カードあわせ◆　56
　■家で教えるのはなかなか大変　57
　■指を使うのは禁止した方がいいの？　59

第2章　2年生の算数

7　「かけ算」って、便利なんだね ……………………62
　1．かけ算の意味がわかったよ　63
　2．1あたり量って、なに？　65
　⑴♠かけ算探検♣　66
　⑵♠かけ算お店屋さんごっこ♣　68
　3．かけ算の意味がもっともっと身につく方法　70
　4．九九ゲームいろいろ　71
　♠テープに負けるな♣　72
　♠タイムトライアル♣　73
　♠サイコロコロコロ♣　74
　♠お絵描きでかけ算♣　75
　♠めいろ♣　76
　♠魚つり♣　77
　♠君の記憶は確かか？♣　78
　♠カルタとり♣　79
　■どうして「かけ算」っていうの？　80
　■番外編—漢字先生　82

8 「長さ」を探検しよう ……………………84
　1．「大きい」と「長い」が一緒になってしまうよ　85
　2．ものさしで測ると、いつも合わないよ　86
　■0の発見　87
　3．教室の中で一番長いものはなに？　89

夏休み！　遊びながら算数しよう—2年生編 ……………92
　♣魔方陣♥　92
　♣ケーニヒスベルクの橋と一筆書き♥　93
　♣ハノイの塔♥　94

第3章　3年生の算数

9 「3ケタのひき算」ってむずかしい！？ …………………96
　1．2回のくり上がりとくり下がり　98
　2．「302－129」の学習へ　99
　3．ぼく、わかったよ—イラツキ雄二君の発見　101
　■間違えても安心だから、自信がついていくんだよ　104
　4．3ケタ計算の特別な意味　105

10 「わり算」—同じ数ずつに分けるだけじゃダメ ……106
　1．わり算の3つの意味　106
　2．1あたり量を求めるわり算って……　107
　3．あまりの出るわり算—子どもたちの考え　109
　4．いくつ分を求めるわり算は「まとめ配り」だ　111
　5．43÷8の答えは、3でしょ??　112

11 「液量（かさ）」溶ける＝消えてなくなる?? …………114
　1．かさかさかさの秘密　だれが一番たくさん水を飲んだのか　115
　2．デシリットルとミリリットルを実感したよ　117
　3．冷蔵庫にも、リットルって書いてあるよ　118
　4．カルピスは水と混ぜると消える!?　119

12 「重さ」―力を入れると、体重が増えるって本当？　122
1. 比べてみよう！　ペンケースチャンピオン大会　125
2. 1キログラムと1グラムを自分で作ったよ　127
3. 重さについての疑問いろいろ　128
4. 目盛りって、むずかしいんだよ　129

13 「3ケタのかけ算」―私の作った問題、解けるかな？　131
1. 3ケタかけ算には特別の意味があるんだね　131
2. 自分で問題を作ってみると、わかるんだね　133
3. トイレットペーパーをこんなに使ってたんだ！　136
4. お母さんが、お酒の量を減らしたよ　137

ちょっとひと休み
―世界のかけ算、九九は覚えていなくても大丈夫？……… 140

お母さんの悩みに答えます　Q&Aコーナー ………………144
- Q1. 1年生の5月なのにもう算数がわかってないの　144
- Q2. 入学前にたし算やひき算は勉強しておくべき？　146
- Q3. どうしてアナログの時計を読まないといけないの？　147
- Q4. 勉強を見てあげると子どもがイライラ　148
- Q5. 「お母さんの解き方は違う。」ともめてしまう　149
- Q6. 忘れ物が多く困っています　150
- Q7. せっかく覚えた九九をすぐ忘れてしまう　151

算数が楽しくなる　わたなべえつこおすすめの本 …………152

子育てと新学習指導要領・算数の学習
―学校完全週5日制と「学力」を考える― ………………156

あとがき　なんだか、イライラ・ムカツクんだ！ ………163

すぐに使える遊びの型紙 ……………………………………167

はじめに
子どもの目線で考える算数

　子どもたちが、期待と不安に胸ふくらませて迎える４月。

　入学式の今日は、お父さんもお母さんもおめかししていつもとちょっと様子(ようす)が違います。仕事も休んでカメラやビデオを片手に学校にやってきたお父さんは、かわいい我が子の姿を撮(と)ろうと一生懸命。子どもたちもかわいいワンピースやスーツ姿で少々緊張気味(きんちょうぎみ)。

　入学式を終えて、担任の先生を先頭に教室に入ってきた新１年生は、早く勉強がしたくてたまりません。
「先生、今日は何を勉強するの？」「今日は宿題ないの？」
　次の日も下足入れ（ゲタ箱）やトイレの使い方を教えていると、
「はやく、ほんとうの勉強しようよ！」と勉強の催促(さいそく)です。
「これも大切な勉強よ。」と言っても納得してくれません。

　さて、ここで私たち大人の常識と、子どもたちの受けとめ方の違いを２つ紹介しましょう。この違い、実は「算数がわからない。」という子どもが「算数の、何がわからなくなってきているのか」を理解する上で、とても大切な事なのです。

　①勉強の本はどれ？
「勉強したい！」という１年生の子どもたちに、次のような質問をしてみました。
「それじゃあ、昨日配った教科書の中から、みんなが勉強の本だと思うものを机の上に出してごらんなさい。」
　子どもたちが出したのは何の教科書だと思いますか。『算数』でしょうか『国語』でしょうか。なんと、『かきかた』の教科書だったのです。どうして『かきかた』の教科書だったのでしょう？

（この質問は、埼玉の元教師金子真さんから教えていただきました。）

②さんすうの本がないよ！

　こだわり屋でまじめな性格の圭介君。お母さんと一緒に時間割を見ながら、次の日の用意をしている時のこと。
「お母さん、用意するものに『さんすう』って書いてあるけど、どの本を入れればいいの？『さんすう』の本なんてないよ。」
　お母さんは圭介君の言っている意味がわかりません。
「『さんすう』の本はここにあるでしょ。」
と教科書を差し出しました。圭介君は、
「それは『さんすう』じゃないよ。『あたらしいさんすう』って書いてあるよ。だから違うんだよ。」
　お母さんは大笑い。でも、圭介君の言うことはもっともなのです。

　みなさんは、この２つの話を聞いて、どんな感想を持ちましたか？
　まず、子どもたちが「勉強の本」だと考えたのが『かきかた』の本だったことについて。今は、少なくない子どもたちが、入学前に通信教育や幼稚園などで文字を勉強してきています。だから文字学習＝勉強で、『かきかた』は、子どもたちになじみの教科書だったのですね。
　次に、１年生の『さんすう』の教科書を見てください。表紙にただ『さんすう』と書いた教科書もありますが、『あたらしいさんすう』『たのしいさんすう』と書かれたものも多く使われています。時間割

には、「さんすう」とだけ書かれていることがほとんどでしょう。みなさんなら、どのように説明しますか。「1年生なら同じものだとわかるはずだ。」なんて思わないでください。国語だと、もっと大変なことになります。なぜなら、以前はタイトルに『こくご』という言葉さえなくて、『あおぞら』などと大きく書かれていたのですから…（さすがに今は、どの会社の教科書も『こくご』と書いています）。

　エピソードをもう1つ。チャイムが鳴って、1年生が聞きました。
「先生、これ始まりのチャイムなの？」
「違うよ。これは終わりのチャイムだよ。授業の終わりだよ。」
「やっぱり始まりじゃないか。休み時間の始まりでしょ。」
　なるほど。休み時間を楽しみにしている子どもと、授業を中心に考えている先生とでは、こうも受けとめ方が違うのですね。

　このように私たちは、子どもたちが持つ素朴な疑問や問いに、ハッとさせられることがしばしばあります。大人や教師があたりまえだと思っていることでも、子どもたちの目から見るとそうでないことが、たくさんあるのです。そして、子どもたちがつまずいたり間違ったりこだわったりする時には、本質的で重要なことが隠されている事も少なくありません。「さんすう」は、そんな「本質的」なことを見ぬく能力を身につけることができる教科です。そのためには、公式や解き方の「暗記さんすう」ではなく、「考えるさんすう」にしたいですね。「自分で考える」ことは、実は私たち大人にこそ求められています。「なぜ子どもがこんな答えを出したのか。」を子どもの考え方や説明にじっくり付き合って考えてみること、「どうしてこうなるの？」という子どもの素朴な疑問を一緒に考え探っていく力…などなど。
　これから一緒に、「子どもの目線」で「さんすう」学習を考えてみましょう。「とにかくやり方を覚えなさい。」「それは違うでしょ。」「教科書に書いてあるでしょ。」と、子どもに向かって言う回数はグンと減るかもしれません。

第1章
1年生の算数

1 「なかまあつめ」って算数なの?

「なかまあつめ」をしましょう。

これは、間違いなのですか?

　これも正しい「**なかまあつめ**」です。「黒のなかま」を集めたのですから。教科書どおりだと、ネコとカサを分けることが正解でしょう。でも、「なかまあつめ」は共通する部分を見つけていくことなのです。どの部分をとるかで、「なかま」は変わっていきます。
「なかまあつめ」は、「何をもって1とするのか」という、算数にとって基本的で重要な内容を持っています。もう少し説明しましょう。「ものを数える」というのは、どんな時に必要になってくるでしょうか。全く性質も種類も違うもの、例えば、フライパンとカラスと友だちの誠君と電信柱を数える、ということは考えにくいですね。数えるためには、まず同じなかま（フライパンならフライパン、カラスならカラス）を集める「**集合**」が必要です。これが「なかまあつめ」なのです。

　しかし、「なかまあつめが算数なの?」「それより、早く計算を教え

て！」という声をよく耳にします。教科書でも 2 時間くらいの扱いなので学校側も、「こんなことは、もう身についているだろう。」と、軽くすませてしまうことも多いようですが、物を使いながらゆっくり学びたい単元です。私の教室で圭介君たちと**なかまあつめ**をした時のエピソードを紹介しましょう。

1. 石ころ・木切れ・ガラス片の 3 つは、何のなかま？

圭介君たち 1 年生を担任したときのことです。
　なかまあつめ、なかまはずれ、どっちがおおいは、少し時間をかけて勉強しました。まずは、子どもたちと遊ぶことからはじめます。この年齢では特に、「遊ぶ」ことから勉強をはじめたいですね。
　最初にフルーツバスケットゲーム。(「スカートをはいている人」「黄色い服を着ている人」等、共通することを見つけ出して座席を移動するゲーム。)
　次に、乗り物のおもちゃ (飛行機、乗用車、船、ヘリコプター、ヨット、新幹線、気球) を使って「共通点探し」をします。「陸を走るもの」「水の上を走るもの」「空を飛ぶもの」というなかま分けや、「風で動くもの」「エンジンで動くもの」というなかま分けをして、「共通点」を探すのです。
　最後に、絵本『はじめてであう　すうがくの絵本』(安野光雅著、福音館書店。内容は 152 ページで紹介) の中の「なかまはずれ」をみんなと楽しく読み、玉入れ競争や「『どっちが多くとったか』遊び」など、実際に体を動かしながら「**おおい　すくない**」の学習 (物を 1 つ 1 つ対応させる) をして、いよいよ数 (数字) の学習に入りました。

　まずは「3」の学習です。(なぜ「1」や「2」ではなく「3」から入るのか、と思われるでしょうが、16 ページで説明します。)
　はじめは、『宇宙人からの贈り物』と題する学習をします。これは、物と物で数を同じにして置きかえることを学ぶのです。4 人 1 組のグ

ループに分かれ、「1人が机の上にあるりんご3こを見て、タイル3こやチョーク3ぽんに置きかえてみます。グループの他のなかまには、その数を知らせます。」という内容です。

次に「3」は「さん」と読むことや書き方を学習します。

最後に、「3あつめ」をします。教室の中や外にあるものをなんでもいいから、同じなかまだと思うものを「3つあつめてくる」のです。答えなんてありません。自分が「3」だと考えるものでいいのです。通信教育や問題集などで「答え」を覚えてくる子よりも、みんなが「あれっ？」と驚くものを持ってくる子がたくさんいたほうが、かえって勉強になります。

圭介君たちの「3あつめ」を紹介しましょう。

ノート3さつ、カサ3ぽん、ミミズ3びき、タネ3こ、ボール3こなど、子どもたちは教室を飛び出していろいろとはりきって集めてきました。圭介君はこのとき「石ころ、木切れ、ガラス片」をビニール袋に入れて嬉しそうに持ってきたのです。

みんなと違うものを集めてきた圭介君本人は得意になっています。でも、彼の手にあるものを見て子どもたちは、「3じゃない。」と言う子と「3だ。」と言う子に分かれて、議論がはじまりました。

「3こは3こだけど、何が3こなのかわかんない。」というのが「圭介君のは3じゃない。」と主張した子どもたちの理由。でも、話し合いの結果、圭介君の持ってきたものは、「石ころ、木切れ、ガラス片で、ゴミが3こ」に落ち着きました。

もうひとり、ビニール袋に水を入れて持ってきた子がいました。みんな不思議そうな顔をしていましたが、
「水道で、ポタン、ポタン、ポタンて3つ集めてきたよ。」
と言うので、これにも反論が出ました。
「3つぶなんて見えないじゃないか。」
「水は数えられないよ。」
と言われてしまったのです。その子は困った顔をしています。圭介君が、突然主張しました。
「水だから、数えられないけど、水3つぶでいい。」
　教室の中は大騒（おおさわ）ぎです。
　圭介君は、自分が集めてきた「ゴミ3こ」についてみんなで話し合い、友だちのいろんな意見を聞くうちに、「同じものの集まり＝なかま」という意味がわかったのです。だから、「同じ水『3』だから、それでいい。」と自信を持って言うのです。みんなは、頭を悩ませながらも「水3つぶ」で納得したようです。
　別の子は、トイレットペーパーを3回手に巻いてきていました。これも難問です。1つ1つ分けることはできないけれど、3回であることは確かです。子どもたちは迷いました。「ゴミ3こ」や「水3つぶ」を頭に入れながら、ああでもないこうでもないと話し合ううちに、子どもたちの考えは、「トイレットペーパー3回の長さ」ということに落ち着きました。
「学校で学習するということは、こういうことなんだろうな。」と思いながら、子どもたちの発言を聞いていた私です。「ノートやタネは正解。水やトイレットペーパーは……」と教師が解説してしまうのはたやすいでしょう。また、子どもたちが到達した結論を「答え」としてみんなに覚えさせることもできません。大切なことは、子どもたちが自分自身の体験と友だちとの学び合いを通して納得し、自らの考え方を鍛（きた）えていくことです。
　（この場合、ノートやタネは「1さつ、1こ…」とバラバラに数えられる量（**分離量**）、水やトイレットペーパーはバラバラにならない量

（**連続量**）です。

　子どもたちは、トイレットペーパーを手で１巻きする長さを「１回」と考えたのです。つまり「何をもって１とするか。」を自分たちなりに見つけだしたのですね。）

　みなさんも、ぜひ学校で家庭で「３あつめ」に挑戦してみてください。あくまでゲーム感覚で、楽しく。そして、大人の考えを答えとして押しつけず、子どもが「なぜその３つをなかまだと考えたのか。」をよく聞いて、子どもの考えにつき合ってみることです。たとえ間違えていたとしても、それは深く理解する一歩になるのですから。

2．なぜ、「３」から勉強をはじめるのでしょう？

　さて、なぜ「１や２でなく、３から勉強をはじめる」のでしょう。
　数える必要のある最小限の数が、「３」なのです。人間がでたらめに並んでいるものの数を、一目で見分けることができるのは、たいてい「３」か「４」まで。ものが「１」しかなければ数える必要はなく、数え切れないほど多いときや、数えるのがめんどうな時は、「たくさん」と表現してしまえば簡単です。この地球上では、今でも２までの数しか使わず、３より多くなると後は「たくさん」と表現している人々がいるそうです。日本語の３＝「みっつ」も、もとは「いっぱいになる」という意味の「満つ」からできたといわれています。
　まだ数字など考えもつかなかった大昔は、たくさんの数を表す言葉もなかったのでしょう。人類が文字や数を必要とする生活をするようになって、「３」がとても大切な位置にあったことは確かです。

3．「なかまあつめ」が大切な理由

　「なかまあつめ」は小さな「米つぶ３つ」も大きな「ゾウ３とう」も「人間３にん」も同じ「さん」で、こうしたものの集まりを「さん」といい、「３」と書きあらわすことを学習します。つまり、見た目の

全く違う具体的なもの（ものすごくたくさんの種類がありますね）のあつまり（＝「なかま」）を抽象的な数（1・2・3…）に置きかえる事。本来人間はものを数えるために、必要に迫られて「数字」を発明したのでしょう。子どもたちにも、ぜひそうした数の意味、おもしろさを実感してほしいのです。

　さて、これから算数の学習を進めていく上で、重要になってくるのは、「2」の次に来る「3」ではなく、「量としての『3』」を理解することです。「いったい何のことだろう？」という方、これは順序数と集合数にかかわることなのですが、まずは次をお読みください。

　こんな風景はどこの家庭でも見られるでしょう。
　幼児期にお風呂に入った時に、「10まで数えたら、あがろうね。」「かんたんだよ。1、2、3、4、5…」。これは、**順序数**です。順序数は順序だけを表して量を意味しない数です。日付や部屋番号などが順序数です。
　では、次の例はどうでしょう？
　幼児がリンゴを数えています。「たっくんのリンゴが、いち、に、さん、し、ご…」。これは、**集合数**です。集合数は量を表す数です。「えっ！　どうして？　お風呂で数えている時と何が違うの？」と疑問を持った方もいるでしょう。少し難しく言えば、この場合はリンゴを1、2、3、4、5と一つひとつ数えることで、リンゴが5こあったことがわかる、つまりリンゴの量がわかるのです。さらに難しく言うと、「数える」という操作は、ものと自然数＊とを一つひとつ対応させて、その対応が終わったところに出てくる自然数を確認することなのです（1対1対応）。つまり幼児が「もの」を「数える」ということは、集合数（5という量）を確認しているのだ、ということになるのです。

　（＊自然数とは、1、2、3、4、などの正の整数のこと。0も含めるというあたらしい意見もあります。）
　これとは反対に、お風呂で数を"唱える"ことは、リンゴなどの具

体的なものに関係なく、数だけを順番に唱えているだけなのです。「わたし、もう100まで数えられるよ。」と子どもが言うと、「もう"100"という数字を理解しているのね。」と錯覚してしまいます。でも、実はそうした子どもたちにとっての「3」は、「2」の次に来る「3」に過ぎません。

　これから何度でも出てきますが、「量として数を理解する」ことは、算数を理解する上で欠かせません。そのために、「なかまあつめ」をしっかり身につけさせたいものですね。

■「ぼく、もうかけ算だって知ってるよ」
　　――子どもたちの生活の変化

　1989年の指導要領改訂後、「なかまあつめ」の扱いは軽くなりました（以前の教科書では、教科書のはじめの単元として「なかまあつめ」は独立していたのです）。どうして、この大切な学習の扱いが簡単になったのでしょう。どうやら、1年生の子どもたちの変化にも関係しているようです。

　25年程前担任した1年生の教室では、黒板の落書きはかわいい絵でした。今は、「もう、たし算できるんだよ。」「ぼく、かけ算知ってる。」と筆算を書く子、「こんな字も知ってるよ。」と漢字を競って書いて自慢する子もいます。でも、ほとんどの子どもたちは漫画のキャラクターをはじめ、かわいい動物などの絵を描いているのですよ。

　昔と比べて、学力競争がどんどん低年齢化しています。ある女の子は、まだ何も勉強を始めていない入学式の日に、そっと私に打ち明けてくれました。「私、算数ちょっと苦手なの。」と。私の方がビックリです。勉強する前から、間違えることを極端に恐れたり、間違えることはいけないことだと思い込んでいるようです。

　今子どもたちは、テレビ・雑誌・インターネットなどであふれる情

報や、ゲーム等の仮想現実の世界に囲まれて生活しています。しかも低学年のうちから、習い事や塾で忙しく生活に余裕がありません。かつてのように、自然の中で五感を通して学んだり、友だちといっしょにいろいろなことを体験したりする生活が乏しくなってきている現代の子どもたち。机の上で考えるだけでなく、教室を飛び出して具体的なもので数あつめをしたり、みんなで意見を出し合って考えたりする活動や体験が、とりわけ必要になってきているように思います。幼児期の数量感覚はバーチャルの世界ではなく、現実の生活の中でこそ培われていくのですから。

2 「いくつといくつ」って、むずかしいよ

9をつくりましょう。●●● と □
ひき算を使わないで、
□ に入る数を出して
ください。

　ひき算すれば簡単なのですが、使わないで答えを出すためには、「4・5・6…」と指で数えていく方法、または □ の中に9になるまでの残りを「●●●●●●」と数えながら●をひとつずつ書いていく方法があります。
　でも、9までの数の合成と分解は、指を使ったりして考えるのではなく、数をかたまりとして理解することが必要ですね。「いくつといくつ」を学ぶ目的はそこにあります。この後に出てくるたし算やひき算を理解する上でも、ここの学習が非常に大切になってきます。

1.「3と□で10」の意味がわからないよ

　1年生の子を持つお母さんから、相談を受けました。
「『3と□で10』っていう問題は、どういう意味かわからない。」
という子どもの疑問。お母さんは、「今からわからなくなるとこの先大変だ。」と思って机の前に座らせ「一生懸命に教えているのに、な

かなか子どもが納得しないんです。」――そんな焦りからの相談でした。ちょっと、様子をのぞいてみましょう。

「何がわからないの？」
「意味がわかんないんだよ。」
「『3と□で10』というのは、3と、あといくつで10になるかっていうことだから、3から順番に10まで数えていけばいいじゃない。」
「めんどうくさいよ。そんなのむずかしい。」
「今からわからなくなると大変よ。やりなさい。」
「わからない！　数えるの大変でいやだ。」
と、子どももだんだんやる気がなくなってお母さんに叱られる毎日。教えているお母さんもイライラしてつい怒ってしまって、悩んだ末の相談でした。

2.「5」が大切なんだね

　お母さんには、
「同じことを言い表すのに、『3と□で7』と言ったり、『7は3と□』と言ったりで、言葉を数に置き換える時に混乱する子がいるのです。理解するのは大変なところなんですよ。無理強いして、算数嫌いにさせては元も子もありません。」
ということを前提にした上で、
「まず、『5』をしっかり理解することが大切。6から9までの数は、『5といくつ』というふうに考えましょう。『5の合成と分解』から『10の合成と分解』、といった手順ですすめましょう。」
とお話し、「いくつといくつ」がわかる楽しいゲームを紹介しました。24ページを参考にしながら、子どもと一緒にぜひ試してみてください。「うちの子は、もう3年生だから」ということにこだわらず、楽しくゲームをしてみると、案外高学年のつまずきもみえてきます。
「5」をかたまりとして理解することを重視しはじめたきっかけは、

障害児学級で算数を教えている先生たちとの出会いです。
「『５』をかたまりとしてとらえられると、数の認識で飛躍がある」
──と教わったのです。実際に試してみると、やはり「５の壁」が実感できました。「５」は、特別な数字なのですね。

「いくつといくつ」は、４月入学当初「算数大好き！」と言っていた子が、夏休み前までに「算数嫌い」になるきっかけのひとつになってしまっているのです。次のような順序で、タイルやブロックを使いながらていねいに学習しましょう。

　①１から５と０の数。３・４・５の合成と分解。「３は１と２」「４は２と２、１と３」「５は１と４、２と３」など。
　②６から９までの数。「６は５と１」「７は５と２」など「５といくつ」で考える。「５」をかたまりでとらえる。
　③10の合成と分解。「１と９で10」「10は８と２」など。
　④最後に、「９は３と６」「２と４で６」など、数を様々な組み合わせとして認識できるように学習。

教科書では、「７は４と３」「７は２と５」「７は１と６」などの様々な組み合わせが一緒になって、だれでもすぐ理解できるかのように、短時間で学ぶようになっています。しかし、この時期に何もかも一緒につめこもうとすると、子どもは答えだけを合わせようとけなげに努力してしまいます。

ところで、教科書では色の違うおはじきなどを使って、「５は、いくつといくつでできているか」を学ぶようになっています。でも、子どもたちの中には、おはじきの並べ方が縦か、横かというだけで「これは、同じものじゃない。」と思う子もいるのです。大人が「おはじきは５こあるよ。」と思うものを、「赤が２こ、黄色が３こだよ。」と答える子がいても不思議ではありません。カラフルなおはじきよりも、タイルやブロックの方が適切な教具だと言えますね。

3. "とりとりゲーム"

　このゲームは、算数の苦手な4年生の雅君とわり算の学習をした時に、一緒に発明したのです。
　それまで雅君は、5までのひき算はもちろん、9までのたし算も指を使わないとできませんでした。「ブロックを7つ置いてね。」と言うと、「1つ、2つ、3つ…」と一つひとつ数えながら7まで出していた雅君。そんな彼が、初めてかたまりで数を認識できるようになった秘密は、「10のサイコロブロックを5と5で10になるように上下2列に並べること」だったのです。「えっ！　たったそれだけで？」とおどろかれるでしょう。教科書では、10のブロックを1列に置いていますが、2列に置くだけで10の補数*がひと目でわかるのです。このゲームをしてから、7を置くのに10から3を取って置く、ことができるようになったのです。
　（＊10の補数とは、7に対して3、2に対し8、6に対して4などのこと）

　まずは、"5のとりとりゲーム"（5の合成分解）です。用意するものは、大きい本物のタイル5こ、または立方体キャラメルの箱5こ。もちろん、カラー工作用紙で手作りのかわいい立方体を作ってもいいですね。（遊び方は、次ページを参照して下さい。）
　箱は「5」こあることが前提ですから、いくつか手で隠すことによって、「5はいくつといくつか」を理解できます。1年生の子どもなら、比較的早く理解しますが、すぐに答えられないからといってあせらないこと。ゲームでやったことをすぐに数字で書いてみる、つまり算数の言葉でもう一度書いてみることです。そうすると、具体物のタイルと抽象的な数字がきちんと結びつくはずです。

◆とりとりゲーム♠

5のとりとりゲームの遊び方
①箱またはタイルを5こ、下図のように1列にならべます。
②5この箱のうち、手でいくつかを隠してしまいます。
③さて、手で隠れている箱は何こでしょう？
④数字に書いてみましょう。
（右絵の場合は、「3と2で5（または、5は2と3）」など）

立方体の置き方

「5」が理解できてから、"10のとりとりゲーム"に移ります。今度は箱を2列上下に5こずつ置きます。その他のルールは、「5」のときと変わりません。5こずつ2列に並べると、「10はいくつといくつか」だけでなく、「5と2で7」や「3と5で8」をかたまりとして目で覚えていきます。2人組でやるなら交代で問題を出すとよいでしょう。

10のとりとりゲーム
立方体の置き方

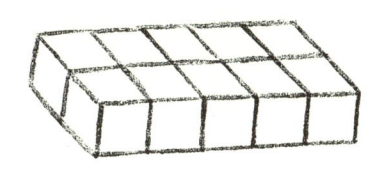

　同じように、数字で書いてみましょう。右絵の場合は、「8と2で10（または、10は2と8）」など。

〈隠し方のポイント〉
・5こ以下の数を隠す時、どちらか1列を残して隠しましょう。（上絵の場合、「5と3で8」を目で確認することができます。）
・5こ以上の数を隠す時、どちらか1列とほかの箱を隠しましょう。
＊「5」をかたまりとして理解するためです。

■発見の喜びが意欲を育てる

　数学と算数とは違いますが、学問としての数学はmathematicsの訳語で、ギリシャ語がもとです。語源的にみると、もともと数学という意味はなく、『学ぶ、科学、ものの考え方』というような意味だったそうです。

　本来すべての学問に通じる、発見の喜びを見つけることができるはずの算数・数学なのに、子どもたちは今、「わからない・できない・自信のない」惨めな自分を発見する場合も少なくありません。

　国際到達度評価学会の報告からも、日本の子どもたちが、「計算力は優れているが、応用力に欠き、算数・数学嫌いが圧倒的に多い」ことが明らかにされました。今までの教え方や算数教科の位置付けがこうした結果につながっているといえるでしょう。教師が解き方を教え

（伝達型の授業）、子どもが個人でひたすらドリルを重ね、学習の結果が受験の道具にされてきた算数・数学の学習形態。新しい学年の学習内容はそれまでの学習内容の上に積み上げられていくといわれる「積み上げ論理の教科」、「問題を解く教科」「自然や社会・生活から切り離された教科」として算数が位置付けられてきたこと。これらが、結局は「算数嫌い」を生んできたのではないかと思います。

　自然や社会を認識する必要から生み出された数学（算数）。算数は人間が、実在する量・物などを抽象してとらえたものです。大切なことは算数のどの分野でも、抽象的な数字として理解するだけでなく実感をともなって理解し、それを使って現実の問題を解決すること、また現実の世界を読み解く学習体験を重ねて、「考えること」「発見するたのしさ・おもしろさ」を育てることです。「発見する喜び」は子どもの意欲を育て、子ども自身の学ぶ力を育てます。それが、すぐにはがれ落ちてしまうような勉強ではなく、「わかる・できる・使える」算数・数学の力の土台となるのです。小学校では、自分自身で考えたり、なかまとともに発見したりする喜びを見つけてほしいと思っています。

3 ウサギとニンジンをたしたらどうなる？

ウサギが2ひきいました。ニンジンが3ぼんありました。
あわせていくつになりますか。

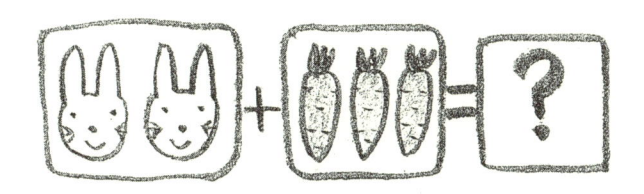

(本来ウサギは2わですが、子どもたちには2ひきの方がなじみがあるので、この表現にしています)

　たし算は、1年生が初めて学習する計算です。大人は「2＋3」のたし算だったら考える間もなく、「5！」と答えるでしょう。疑問や間違いなど起こる余地もないのでしょうか？　上図のような問題ではいかがでしょう？　結論から言えば、答えは「5」ではありません。たし算できないのです。または、たし算する必然性がないのです。
　たし算で大切なことは、意味を考えることです。そのためには、
①単位（こ・ほん・まい・にんなど）を必ず式につけること。単位は、すでに述べた「なかまあつめ」をするために必要です。なかまではないものを、たす必要はありません。
②ひととおり学習した後、文章題を自分で作ってみること。
　これらは、このあとの様々な単元を理解する上でも、重要です。
　みなさんも、ちょっと文章問題を作ってみてください。
　2＋3＝5
になる問題です。どうですか？「あわせて」とか、「全部で」とかと

いった問題（30ページの問いのような）が作れたでしょうか。

1．2ひき＋3ほん＝5ひきほん？——子どもたちの考え

　子どもたちと一緒に考えた「ウサギとニンジンのたし算」の授業を紹介しましょう。子どもの考え方がよくわかります。

　1年生の子どもたちは27ページ冒頭の問題を見て、困って悩んでいます。そしてついに、次の5通りの式を考え出したのです。

　　2ひき＋3ほん＝5
　　2ひき＋3ほん＝5つ
　　2ひき＋3つ＝5ひき
　　2ひき＋3ほん＝5ひきほん
　　2つ＋3つ＝5つ

　みんなで「どれが正しいと思うのか」を一生懸命考えました。
「2ひき＋3ほん＝5がいちばんいいよ。」
ということに落ち着いたのですが、ここからが大変です。
「でも、答えは『5』なにだかわからない。」
「5つかな。」「5こでいいんだよ。」「5ひきほんじゃないの。」…。
　子どもたちは「どれも変だ。」と言うだけで、なかなか結論が出ません。みんなが悩んで困っていたその時です。雅彦君が突然叫ぶように言いました。
「できないよ。だってウサギがニンジン食べちゃうよ。」
と。みんなはホッとして大いに納得。子どもたちは雅彦君のこの発言で、ウサギとニンジンをたしても意味がないことを発見したのです。

　この問題は、一見すると、2＋3＝5でできそうな気がしますね。計算はできます。でも、現実にはたし算する意味がないのです。

また、こんな問題もみんなで考えてみました。
　えんぴつ３ぼんとカサ２ほんあわせていくつ？
「３ぽん＋２ほん＝５ほん」でできそうですが、ウサギとニンジンの問題をやったあとだったので、「これも、たしてもしょうがない。」と子どもたちは言いました。
　雅彦君は、決して計算が得意な子ではありません。でも、彼の発言は「たしざんは同じ物同士で合わせるとき使う」という基本をみんなに理解させてくれたのです。

　学ぶという事は、新しい世界を拓(ひら)き、「あいつってすごいな。こんな面があったのか。」となかま発見をしたり、「わたしってまんざらでもない。」と自分発見をしていくことです。今までの学校算数の学習では、先生が問題を出しそれに数人が答え、やり方や公式を先生に教えてもらい、それを覚えて個々人が練習問題に励むという学習過程を踏(ふ)んできました。
　しかし、考え方の手順、発見の喜びや面白さは、答えを誰かに与えられた時ではなく、子どもたち同士の学び合いの中から自分たちで答えを見つけた時にこそつかめるものです。子どもたちのつぶやきや声、つまずきや疑問をていねいに聞き取り、算数のおもしろさを再発見し、算数学習のあり方をいっしょに考えていきましょう。

「先生、私が作った問題は間違っていて恥(は)ずかしかったけど、たし算ってそういう意味があったのですか。間違ってなんだか賢(かしこ)くなったような気がします。計算は大人なら誰でもできますが、意味がわかるととっても面白いものなのですね。」
（「ウサギとニンジンの問題」は、私のクラスのお母さんが「子どもたちが算数好きになるために」と善意で作ってきてくれたものだったのです。）

と、感慨深げなお母さん。他のお母さんたちも、「私たちは、計算が

できても、たし算の意味を考えない教育を受けてきたのね。」──ひとしきり、大人の問題が浮き彫りになりました。

　私はこの時以来、どの学年を担任しても（2年生以上）、一番最初の算数の時間に「ウサギとニンジンのたし算」の授業をすることにしています。計算は簡単ですからみんなバカにしますが、たし算の意味がわかっているかどうか、もう一度考えさせるために大切なのです。

2．たし算の意味いろいろ

❶わたしはおりがみを3まいもっています。いもうとは2まいもっています。あわせてなんまいですか。（合併）

❷子どもが3人遊んでいます。あとから2人きました。あわせてなんにんですか。（添加）

❸弟はシールを5まい持っています。お兄さんは弟よりも3まい多くもっています。お兄さんはシールをなんまい持っていますか。（求大）

❹4月の体重は18 kgでした。今月は2 kgふえました。体重はなんkgになりましたか。（増加）

❺はるみさんは前から3番目です。後ろに5人ならんでいます。子どもは全部でなん人いますか。（順序数＋集合数）

❻弟にビーだまを3こあげたら、残りは5こになりました。はじめはなんこビーだまをもっていたでしょう。（逆思考）

　1年生から2年生にかけて、上のようなたし算の意味を学習します。でも、大切なことは計算ができることだけではなく、2＋3＝5という抽象された数の世界と、リンゴ2こ＋3こ＝5こというような現実の世界をきちんと結びつけて学習することなのです。なぜなら3年生や5年生でも、ウサギとニンジン問題で「2ひき＋3ぽん＝5」と答えてしまうのですから。

子どもたちの多くが、いえ大人こそ算数の学習を「計算ができること、問題が解けること」とだけ考えています。多くのヒントをもらって問題を解くだけでは、算数の本当のおもしろさを知ることはできません。低学年のうちだからこそ、たし算はどんな時に使うのか実際の場面で体験（女の子が4人遊んでいます。そこへ男の子が1人なかま入りして、子どもは全部で5人になりました。など）したり、具体物を使って学ぶ（お皿が2つあります。片方の皿にイチゴが2こ、もう1つの皿には3こあります。2つのお皿を合わせると、イチゴは5こになります。など）ことがとても大切なのです。

3 ウサギとニンジンをたしたらどうなる？

4 チョコレートを食べて「ひき算」を考える

　下の絵を見て、式と答えを書きましょう。
　（5ひきの金魚が水槽(すいそう)にいます。
2ひきすくうと残りは何びきで
すか。）

　答えは「5ひき－2ひき＝3びき」なのですが、この絵を見て式を考えると、「3びき－2ひき＝1ぴき」になってしまう子どもが必ずいるのです。どうしてでしょう？
　まず、**ひき算**のイメージを考えてみましょう。この絵では、はじめにいた「金魚『5』ひき」の「5」という量は見えにくく、見えているのは「ひく」という動きと、ひいた結果の残りです。子どもたちの目には、残りの「3」びきと取っている最中の「2」ひきが強調されて見えます。
　私も「どうして『3ひき－2ひき』の式を書く子がいるのだろう。」と不思議に思っていたうちの一人です。その謎を解いてくれたのは、やはり子どもたちでした。みんなで考えあったひき算の授業を、紹介しましょう。

1. 先生がずるいことをした！――ある日の授業参観

「今日は参観にきたお家の人にも参加してもらう授業です。」
　子どもたちはお家の人が見に来ているので緊張したり張り切ったり、いつもとは様子も少し違います。それでも授業がはじまると一生懸命です。

①事実を言葉で伝える

「これから恵津子先生が、あることをします。みんなは黙って見ていて、後で先生がしたことをお家の人に教えてあげてね。だからよく見ていてね。」
　そして、参観に来たお家の人たちに後ろを向いてもらいます。

　　きれいな袋を持ってきてステージ中央の机の上に置きます。（子どもたちの机はいつもコの字型になっていて中央の空いた所はステージと呼んでいます。）
　　次に、中からおもむろに四角い大きなチョコレートを5こ出します。5こあることをよく見せた上で、そのうちの3こをむいて食べてしまいます。子どもたちはざわざわとして、「あっ」と叫んだりしますが、約束どおりだれもしゃべりません。
　　残りの2こを確認した上で、ゴミの紙3まいはゴミ箱へすて、残ったチョコレート2こは袋に入れて机の中にしまいます。

　ここまでが、私のしたことです。お家の人たちに前を向いてもらいました。さあ、子どもたちはどのように伝えると思いますか。
　まず、元気よく手をあげた健君が言います。
「恵津子先生がずるいことした！」
　みんなうなずいています。お母さんたちが、
「わからないわ。ずるいことってなあに。」
と聞くと、次々に子どもたちはしゃべりだします。

4　チョコレートを食べて「ひき算」を考える

1年生の子どもたちにとって、見た事実をていねいに伝えるということは、結構大変なことなのです。しかも、「ジュース」「おふろ」「ねえ、ゲーム！」と、ふだん単語中心で会話をしているのでなおさらです。しかし、話し言葉で順序よく伝えることは、思考力を鍛えるためにも、全教科の共通の土台としても、人間関係を築く上でも、とても大切なことなので、子どもたちの断片的な言葉をつなげながら、順序よく話せるまでみんなで考えます。
「あのね。チョコ食べちゃったんだよ。」
と子どもたちが言うと、ひとりのお母さんが手をあげて
「どんなふうに食べたの。いくつ食べたの。」
といった具合に質問します。
「３こ食べたの。」「ゴミ箱にすててあとは、しまっちゃったんだよ。」
「よくわからないわ。もう少しまとめて言って。」
「はじめ５こチョコレートがあって、先生は３こ食べたんだよ。」
「２こ残っているよ。」

　　５こあるチョコレートのうち３こ食べて２こ残った

　文字にするとこれだけのことです。算数に関係ないかのような、時間の無駄に見えるこうしたやり取りの積み重ねが、「どんな時にひき算を使うのか」を理解するために、大切なのです。「事実を言葉で表現すること」が、算数の力をはぐくむのです。

　②事実を算数の式にする
　ここで、えっちゃん人形の登場です。えっちゃん人形とは、「ひき算がわかる」ためにつくった教材です。人形を黒板に貼り付けて、もう一度チョコレート５こから、先生が食べて２こ残したところまで再現します。①５このチョコを黒板に貼って、②中身を３こ取り出して人形に食べさせ、③包み紙は黒板に貼り付けたままにして置きました。
　これを言葉で書くと、

①チョコを黒板に貼る　②３こ食べさせる 　③包み紙を広げて貼る

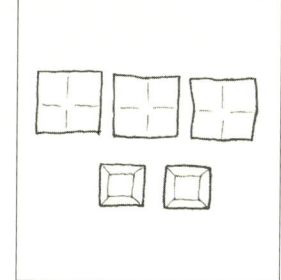

マグネットシールではる

穴

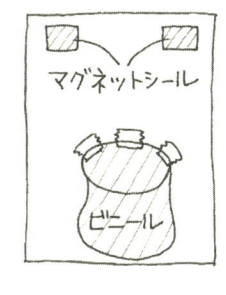

えっちゃん人形の裏側
マグネットシール
ビニール

　５こ　　たべた３こ　　のこり２こ
算数の言葉（式のこと）で書くと、
　５こ－３こ＝２こ
と書くことを教え、これを「ひき算」
と呼ぶことを伝えました。

　次に、「４こあるチョコレートのうち１こ食べる」場合はどうなるかを、えっちゃん人形を使って実験します。３こ残ることを確認し、「４こ　たべた１こ　のこり３こ」と言葉で確認し、次に算数の言葉「４こ－１こ＝３こ」を書き、みんなで確認します。

　授業の最後に、カップ入りのゼリーを全員に５こずつくばります。そのうち２こを食べると３こ残ることを、言葉で確かめみんなで体験してから、式に書かせました。

　ところがこうして順番にひとつひとつやってきても、子どもたちの式はおなじではありません。次のような３種類の式が出されました。

　　５こ－２こ＝３こ
　　３こ－２こ＝１こ
　　３こ－２こ＝３こ

　実は、子どもたちの目の前には中身のないカップが２こ、中身が入

4 チョコレートを食べて「ひき算」を考える　35

っているカップが3こあります。これを見て子どもたちは、
3こ（中身のあるカップ）−2こ（食べてしまって中身のないカップ）
の式にしてしまったのです。3番目の式は、残りが3こだとはじめからわかっているので、無理に答えを合わせてしまったんですね。
（「元あった量が見えなくなる」−ひき算は、子どもたちにとってなかなかやっかいなのです。）

　初めての授業参観。親も我が子のことが心配で見ています。「ちゃんと発言できるかしら。」「間違えてないかしら。」と自分のことのように緊張していますが、一緒に授業に参加するとちょっと雰囲気も変わります。

　「うちの子が『3こ−2こ』をやった時、『何やってんだろう。』と思って恥ずかしくなったんですが、とても重要な事だったんですね。先生のお話や、子どもたちが言っていることで、どうしてそう考えたのかわかりました。学校はみんなで勉強する所なんだから間違ったっていいんだと思いました。私は、間違えるのが恥ずかしくてめったに発言しませんでしたから。」
　「事実を言葉で順序よく話すことが、算数で重要だなんて思いませんでしたね。」

　参観後の懇談会でのお母さんの感想です。

2. ひき算の意味いろいろ

　ひき算が難しいのは、元の量が見えなくなってしまうということばかりではありません。子どもたちは1年生の間に、いろいろと意味が違うひき算に出合うので混乱してしまうのです。ひき算の意味には、次のようなものがあります。

❶みかんが5こあります。3こ食べると何こ残りますか。（求残）
❷女の子が7にん、男の子が4にんいます。どちらが何にん多いですか。（求差）
❸赤と青のいろがみがあわせて16まいあります。そのうち赤が7まいです。青は何まいですか。（求補）

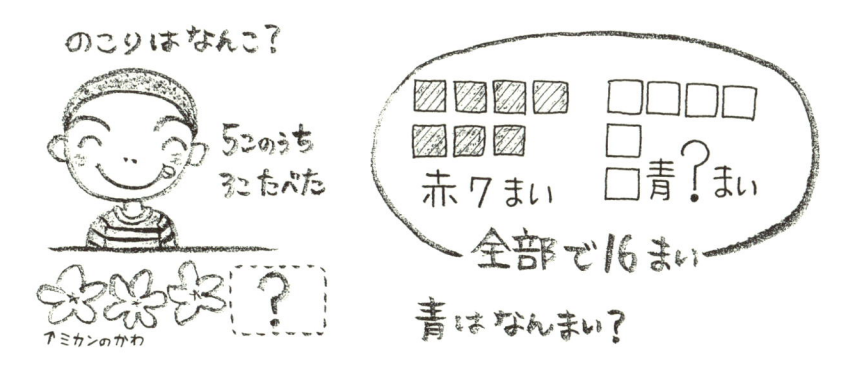

　私は、1年生には「残りを求めるひき算」（求残、上の❶）だけでいいと思っていますが、これがさらに、

4 チョコレートを食べて「ひき算」を考える　37

8にんでいすとりゲームをします。いすは5つあります。すわれ
　　ないひとはなんにんですか。

といった、いすと人間を一つひとつ対応させてひき算をしなければな
らないような問題にまで発展させて、教科書に登場します。2年生に
なると、さらに難しくなって、

　　えはがきを64まい持っています。きょうもらった分をあわせる
　　と92まいになります。きょうもらったのはなんまいですか。
　　84このりんごがあります。はこにつめたら35このこりました。
　　はこにはなんこつめたのですか。

といった逆思考の問題が出てくる教科書もあります。いろいろな場面
で使われるひき算ですが、まずはしっかりと求残（❶）の意味を、事
実を通して学ばせたいですね。求差（❷）や求補（❸）問題は1年生
の子どもたちを混乱させ、算数嫌いを生む原因ともなりかねません。

　ところで、「おかあさん、水。」（なかには「水。」だけの子も）とい
う要求にすぐに応えてあげていませんか？　単語だけでコミュニケー
ションをとるのでなく、言葉を豊かに使って自分の考えや思いを表現
することは、すべての学習の基礎になります。相手の言葉を聞いて理
解し、自分の気持ちをきちんと伝えることは簡単なことのようですが、
とても重要なことです。
　子どもたちが伝えようとしていることに耳を傾けてあげると、子ど
もたちもていねいに自分の伝えたいことを語りだすでしょう。もちろ
ん目と目を合わせて子どもと話しましょう。くれぐれも子どもが伝え
る前に、「のどが乾いたのね。ハイ！　お水。」と何でもわかってあげ
てしまわないでほしいのです。「転ばぬ先の杖」をいつも親が差し出
してしまうと、子どもから自分で考える力を奪ってしまいます。

5 『にじゅう』ってどうして「20」と書くの？

どうして「にじゅうさん」を「203」と書いてはいけないの？

　2年生のクラスでは、他に『千三百八十二』を「1000300802」と書く子どもも何人かいました。千=1000、三百=300、八十=80、二=2なのですから、これをそのまま並べて書いたのですね。

　さて、『にじゅうさん』という言葉だけなら、「203」と書いてもいいでしょう。でも、子どもたちが算数で使う十進位取り記数法では、「23」と書く必要があります。その「意味」を子どもたちと探っていきたいですね。

　今の1年生は、ほとんど全員が「1・2・3・4…」と、20ぐらいまでは唱えることができます。「じゅうく」の次に「にじゅう」がくることは知っているのです。でも、どうして「2」と「0」と書くのかを理解している子は、ほとんどいません。しかし、後で出てくる「くり上がり・くり下がり計算」の理解のためにも、「20」と書く意味について、理解することが不可欠です。これから紹介する子どもの意見も参考にしながら、一緒に考えてみましょう。

　さてここで、「なぜ20は2と0と書くのか」という、基本的で非常

に難しいことを発見した、ひろ子さんたちの教室にタイムスリップしてみましょう。最初の質問への答えも隠されているようです。

1．数え棒つかみ取り大会

　1年生のひろ子さん。入学してすぐ「私、もう1000まで数えられるんだよ。」と、おしゃべりにきた積極的な子でした。でも、たし算やひき算は、そう得意なほうではありません。

　さて、夏休み明けの9月。私たちは、「10から49までの数」を勉強することにしました。

　まずは"数え棒つかみ取り大会"からはじまります。

　ルールは簡単。はじめに、全員が片手でできるだけたくさんの棒をつかみとります。次に、「自分のとった棒が何ぼんなのか」を他の人がひと目でわかるように、それぞれ工夫して机に置いてもらいます。これは、正解を探す問題ではありません。「どうやって置いたら、一番わかりやすいか」——まずはじめは、みんなが自分の考えたとおりに置き、その後で友だちの置き方を見ながら、一緒に考えていくのです。

　2ずつまとめる子、5ずつ束にする子、10ずつ固めたり束にしたりする子、置き方はさまざまです。その中で、信君の方法は、隣の休んでいる子の机まで使って10ずつの束を置く机とバラ6ぽんを置く机を別にしています。ひろ子さんも10ずつ束にしましたが、束もバラも1つの同じ机の上に置きました。

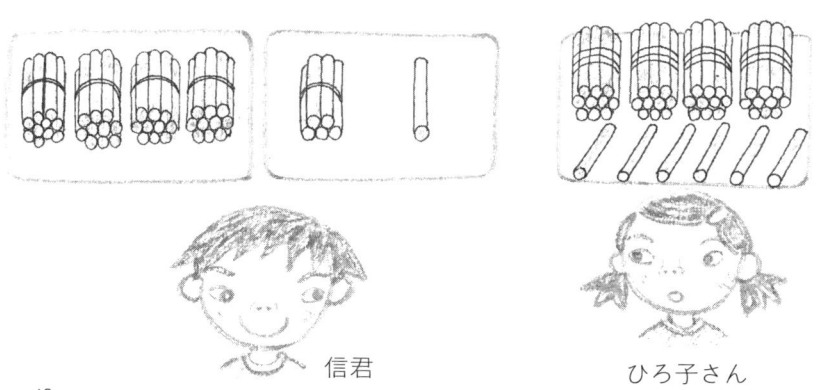

信君　　　　　　　　ひろ子さん

子どもたちに「どれがわかりやすい置き方なのか」を投票してもらいました。
「2ずつや5ずつより、10ずつ束にしたほうがわかりやすい。」という子がほとんどでしたが、信君の置き方はあまり人気がありません。隣の机を使う意味が、よくわからないのです。
　そんな時、人気のひろ子さん方式に疑問が出ました。
「10ずつ束にしたほうがいいけど、ひろ子さんのは10の束も、バラもみんな一緒に置いてあるから、見えにくくてわかりにくいよ。」
　すかさず信君が言います。
「ぼくは10の束があるところと、バラが置いてあるところと別にしたんだよ。この方が見やすいよ。」
　さあ、2ずつにしていた子も、5ずつにしていた子もいっせいに信君の机のほうを見ました。それまで彼の方法は、だれからも支持されていませんでしたが、確かにわかりやすいのです。ぱっとひと目見て46あるのがわかります。信君方式の特徴は、「位によって机がちがうこと」です。1〜9までは1の位の机（右側）にすべておさまりますが、10になると位の部屋が隣に移動します。子どもたちは信君方式の良さを発見し、次々と意見を変えていきました。
　この日学習したことのまとめに、いつも使うタイルを下図のようなかわいいキャラクターにして説明しました。「46は、10の位の部屋に

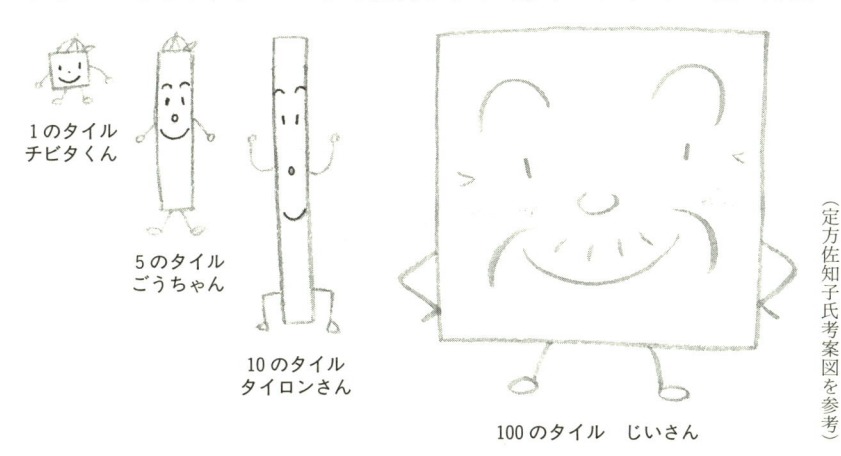

1のタイル
チビタくん

5のタイル
ごうちゃん

10のタイル
タイロンさん

100のタイル　じいさん

（定方佐知子氏考案図を参考）

タイロンさんが4つ、1の位の部屋にごうちゃんが1つとチビタくんが1つ。」と確認しながら、黒板にキャラクターを貼っていきます。子どもたちも熱心に見入って授業は終わりました。

2．ひろ子さんの大発見

　ひろ子さんが、黒板の前に頬を紅潮させながらやってきました。「私、わかったよ。何で『にじゅう』って2と0で書くか。10のタイルが2ほんで10の部屋にいるけど、1の部屋にはだれもいないから0って書くんだね。学校って楽しいね、先生。」

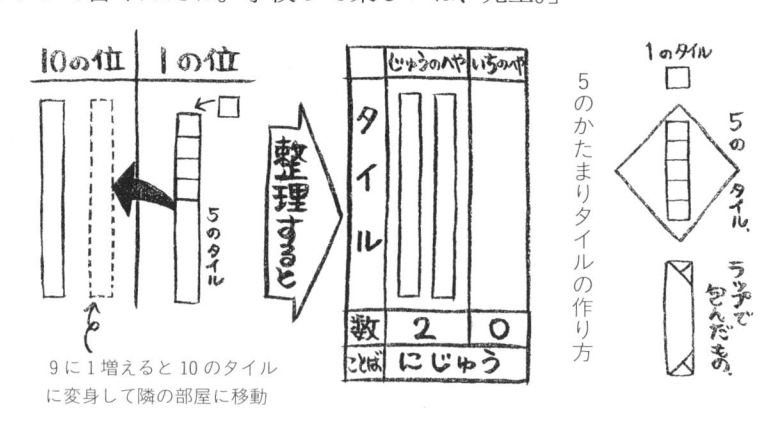

<図：10の位と1の位の部屋、タイル、5のかたまりタイルの作り方などの説明図。「9に1増えると10のタイルに変身して隣の部屋に移動」「整理すると」「ラップで包んだもの」などの注記あり。数2　0　ことば　にじゅう>

　彼女にとっての『20』は、19の次の20でしかなかったのです。この日彼女は、『20』の意味と書き方を納得し、新しい算数の世界をつかんだのです。家に帰ってからも、お母さんやおばあちゃんにも授業の事を教えたようです。ひろ子さんのお母さんは今まで、プリントの答えが1つ2つ間違っていることを気にしていましたが、次のようなお手紙をくださいました。

　「算数がわかるって、こういうことなんだなと思いました。今まで知らなかったことがみんなと考えてわかった喜びは、100点をなんまいも取るよりうれしいことなのかもしれません。プリントやテストの結果を、母親の私は気にしてしまうけれど、もう少し違った見

方をしなくてはいけないと思いました。」

　子どもがわかっているのか、できているのか心配しない親はいません。でも、子どもの中にどんな力が育っているのかを、じっくり見る親自身の目も育てていきたいものですね。

　さて、教科書の通りだと、1学期のうちに20までの学習をすすめてしまいます。でも、1年生ですでに「算数がわからない。」「嫌いだ。」という子どもが多いのです。私たち1年生の担任はみんな頭を悩ませ、「どうすればみんなが意欲を持って、算数の世界に入ってこられるのか。」を話し合い、次のようなカリキュラムにしました。
　①1学期に、9までのたし算、ひき算を学習
　②2学期の9月は、10〜49までの数と1ケタのくり上がりを学習
　③3学期は、50〜99までの数を学習
　ちなみに以前は、「10から99までの数」を一緒に学習していたのですが、子どもたちの様子を見ていて、「50」で一度区切った方がいいことがわかり、このようなやり方にしたのです。
（教科書通りのカリキュラムを変える時には、もちろんお母さんたちにも相談し、理解を得ることが大切です。）

■番外編―数の歴史

　少し専門的な話ですが、数字についての歴史を紐解いてみましょう。今、世界中で私たちが使っている数字はアラビア数字といい、インドで生まれた数字です。それまでの数字は、エジプト、バビロニア、ギリシャ、ローマと色々な所で色々な書き表し方をしていましたが、どれも5や10で一まとめにするたびに新しい形の数字を使っていたのです。例えば、ローマ数字は時計などで見たこともあるでしょう。5、10になると全く新しい形になっています。（次ページ図参照）
　しかし、アラビア数字は10この数字でどんな大きな数も、小さな

数もあらわすことができるのです。また、数字を並べた時の場所で位を表すことができるという優れものでした。これが現在私たちが日常的に使っている、「十進位取り記数法」です。

世界の数字いろいろ

							*1	*2	*3	*4
エジプト数字 象形文字です	I	II	III	IIIII	∩	⌒				
	1	2	3	5	10	100	1000	10000	100000	
バビロニア数字 60進法	∨	∨∨	∨∨∨	∨∨∨∨∨	⟨	⟨⟨⟨		∨ ⟨⟨ ∨∨∨		
	1	2	3	5	10	50		85		
ローマ数字 5進法で今も時計の文字盤に使われている	I	II	III	V	X	XC	C	M 又は(I)	((I))	
	1	2	3	5	10	90	100	1000	10000	
ギリシャ数字 アルファベットを使って表す	アルファ α	ベータ β	ガンマ γ	デルタ δ	イプシロン ε	イオタ ι	パイ π	オメガ ω		
	1	2	3	4	5	10	80	800		
中国・日本の数字 日本の数字は中国から来た	一	二	三	五	十	二十	百	千		
	1	2	3	5	10	20	100	1000		
インド・アラビア数字 位取りの法則を使い、0を使う	1	2	3	5	10	100	1000	10000		

＊1 縄　＊2 茎についた蓮の花　＊3 人さし指　＊4 おたまじゃくし

6 10をつくろう－「くり上がりのたし算」

> 9＋3ならわかるんだけど、7＋6は指を使わないとできないよ。

　くり上がりのたし算の場合、「9」は「あと1つで10」というイメージを作りやすい数です。「あといくつで10になるのか」を10の補数と言い、教科書ではくり上がりたし算の方法として使っています。この方法だと、「7＋6」では「7はあと3つで10」の「3」を見つけなければなりません。これが1年生にはなかなか大変で、暗記でもしていないとどうしても「8・9・10」と指を折って数えてしまうのですね。

　くり上がりのたし算は、「補数を使って10を作る」教科書の方法以外に「5と5で10を作る」方法などがあります。いずれにしても大切なことは、「10のかたまりを作って、隣の部屋へ引越し」すること。これをイメージするためにも、「**筆算**」をおすすめしたいのです。

　さて、1年生のお父さん・お母さんは、学校で習うよりも先に「くり上がり・くり下がり」を教えたり、宿題をみてあげることが多いようですね。しかも、親は自分が小学校時代に学んだやり方で教えたくなるようで、子どもにとってはこれが「大きなお世話」になることがあるのですよ。

　「みんな驚くのだけれど、7＋6、8＋4をぼくはとっさの時に指を

使っているんだ。小さい時に母に教えてもらった記憶が体にしみついてるような気がするんだよね。」と打ち明けてくれた友人は、大学で数学の研究をしています。やはり、生まれて初めて知る数の世界と「どんな出合いをしたのか」がその後にも影響する出来事なのですね。

1．ティッシュの箱で考えたよ、8＋6

　ティッシュペーパーの箱を使って、くり上がりの学習をしてみました。8箱と6箱を大きなダンボールに入れて教室に持って入ると、みんな「何が始まるんだろう？」と興味津々です。（ご存じのように、ティシュペーパーは5箱ずつビニールでくるまれて束になっているので、「5」をかたまりで理解するために、非常に役立つのです）。

　8箱は、5のかたまり1つとバラ3箱。6箱は、5のかたまり1つとバラ1箱になります。これを使って「8箱と6箱を合わせると、いくつになるのか」をみんなで考えていくのです。

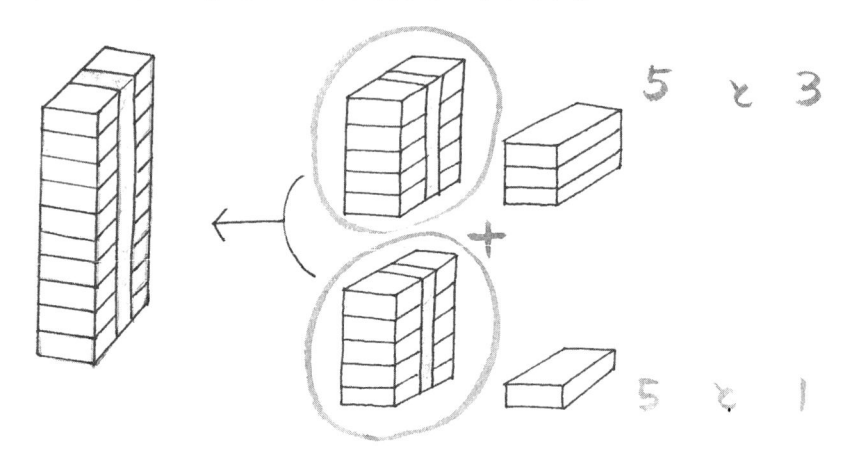

　ティッシュの箱でじっくり考えた後、次に箱をタイルに置き換えてみます。具体的なもの（この場合は箱）をすぐに数字にしないで、まずは一度タイルに置き換えるのですが、面倒でもそういう段階を順序良く踏むと、理解しやすくなるのです。

さて、「8＋6」です。ここでも信君方式（40ページ）が役に立ちました。「20」と書く意味をすでに理解している子どもたちは、「8に6をたすと、10のかたまりができて、隣の部屋に引っ越し（くり上がる）」—とスムーズに理解できました。

まずは、その「10をどう作るのか」—を子どもたちがそれぞれ自由に考えました。

大きく分けて、次の3つの方法です。

①5と5で10を作る方法
②8に2をもらって10を作る方法
③3に2をもらって5をつくり、5と5で10にする方法

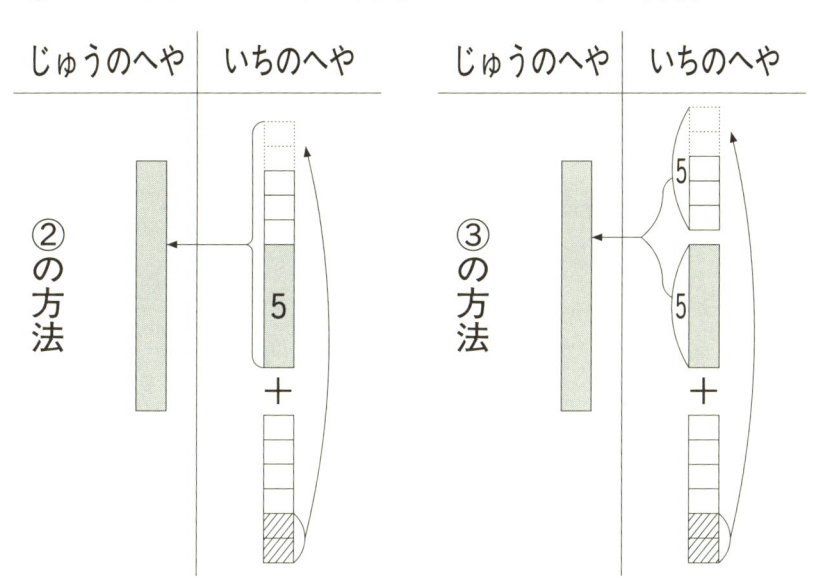

式で書くと、どうなるでしょう。

6 10をつくろう−「くり上がりのたし算」

8＋6＝14で、筆算で書くと下の図のようになります。

これを計算していく時に、**計算テレビ**が活躍するのです。計算テレビとは、プリント計算問題一つひとつの横や下に書きこんだテレビ型のスペースのことです。子どもたちは、そこに自由にタイル図を書いたり、補助になる記号を数字で書いたりできます。これを使うと、頭の中に「10ができて隣の部屋へお引越し」というイメージができやすいのです。

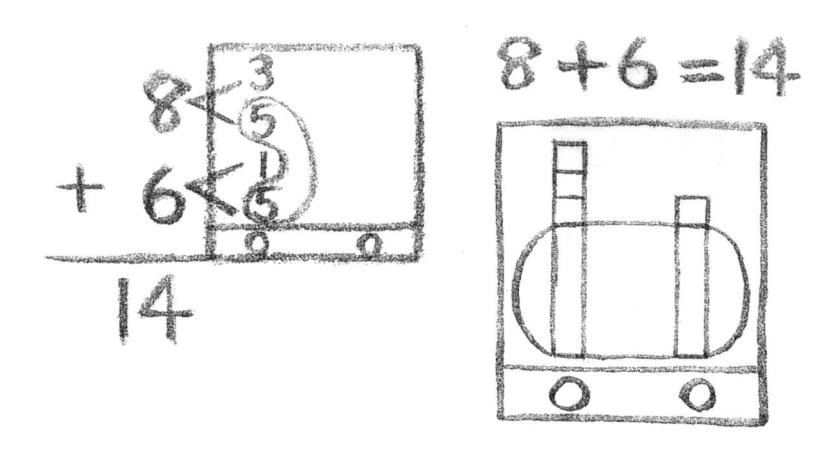

1年生の時からなるべく筆算を使って、「10のかたまりを作る事」を大切にしたいですね。子どもたちが使っている教科書では、タテの筆算形式は2年生から。1年生は「8＋4」と書く横式の計算になっています。でも、子どもたちが「くり上がりのたし算」「くり下がりのひき算」をきちんと理解していく上では、タテの筆算形式で学習したほうがいいと、私は思います。なぜなら、横式でやっているだけでは「位」は必要ありませんから、勢い答えの暗記になってしまったり指を使ったりしてしまうのです。暗記では思考力は育ちません。

次に少し難しい、片方にしか5がない場合（例えば「9＋3」など）では、「10のかたまりをつくること」をどういうふうに考えれば良いでしょうか？　子どもたちの考え方を2通り紹介しましょう。

①9に1をもらって10を作る場合
②4に1をもらって5と5で10を作る場合

① 9 ←
＋ 3 〈 1 2

② 9 〈 4 5
＋ 3 〈 1 2

じゅうのへや	いちのへや

じゅうのへや	いちのへや

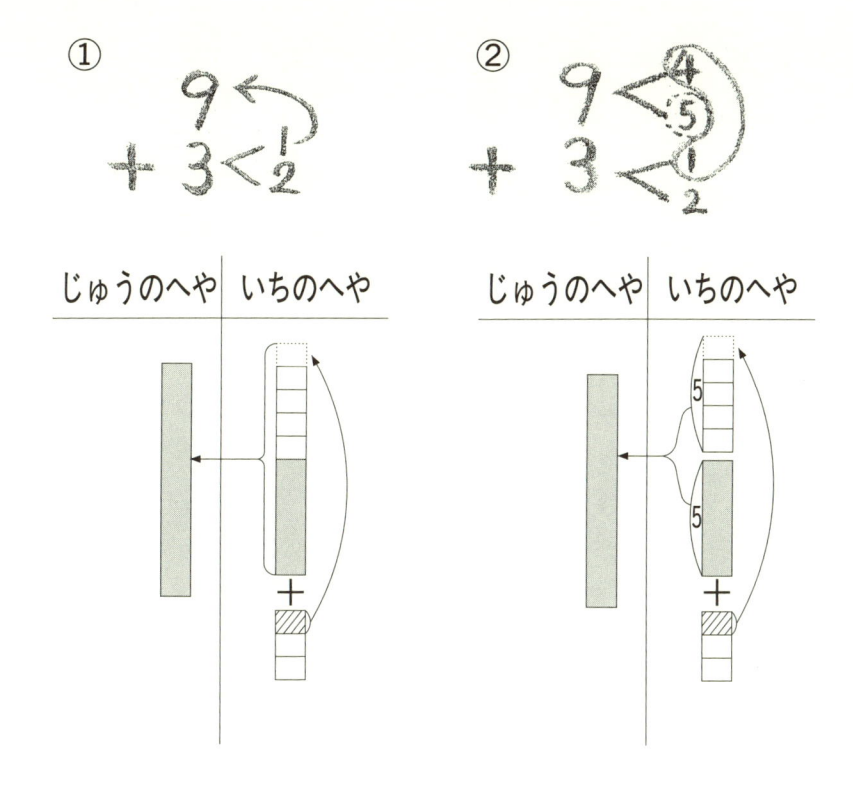

2. くり上がりのたし算—まとめ

くり上がりのたし算では、「10のかたまりをつくって隣の部屋へ引越し」のイメージを定着させましょう。

そのためには、

○筆算で計算するようにしましょう。計算テレビも、活用してください。

○10のかたまりの作り方は、子どもが使いやすい方法で。

私の教室の子どもたちは、次の3つの方法を使っています。

①10の補数を使う場合

「7＋6の時は、たす方の6を3と3に」、「9＋6の時は、たす方の6を1と5に」など、いろいろな数を合成分解します。ただこの方法は、数の合成分解が理解できていないと、使うのは難しいことを念頭

に置きましょう。
　数の合成と分解は、24ページに戻って「とりとりゲーム」などで遊びながら復習しましょう。
②5と5で10にする場合
　5といくつという分解だけを使います（例「7＋6」は「5と2」たす「5と1」）。①の方法より簡単で理解しやすい方法です。数の合成分解がまだ十分に理解できない時は、こちらの方法がおすすめです。
③①と②の方法を使いわける場合
　こういう子どももいます。

　後日談。授業の後、「子どもたちがどんな考え方で計算しているのか」「何につまずいているのか」——一人ひとりの考え方をていねいに、ご家庭にお知らせしました。すると、あるお母さんからこんな手紙が届きました。

> 「子どもがどんな考え方をしているのかなんて考えずに、家でときどきみてあげて私が昔習ったやり方で教えていましたが、大きなお世話をしていたように思います。今は、子どもが考えているやり方をもっと大切にしてあげたいと思っています。
> 　大人の思いこみを押しつけるのでなく、もう一度落ち着いて子どもたちの思考に立ち返ってみることも大切なように思います。」

　子どもたちは、計算1つにもそれなりの理屈があってやっている場合が多々あるのです。「これは正解」「こっちは間違い」と選別するだけではなく、「どうしてそういう間違いになったのか」「どんな考え方をしているのか」を、ぜひ子どもたちに聞いてみてください。それからその子に合う方法・理解しやすい方法を、一緒に探っていきたいものですね。

夏休み！ 遊びながら算数しよう―1年生編

身のまわりの数字探し

　夏休みのように時間の余裕がある時には、ゆったりと算数探検遊びをしてみましょう。身のまわりにある数字を、「探してみよう」という遊びです。
　家に届けられる膨大(ぼうだい)な広告チラシ、窓から外を眺(なが)めると広告看板、一歩外に出ると電信柱の小さな看板や住居表示、商店ののぼりなどなど、いたるところに数字が使われています。
　親子で一緒に、広告を切り取ったり、メモをしたり、写真に撮ったりして「数字探し」をし、整理してみましょう。
　「どんな時に、どんなふうに使われているのかな？」と、考えてみるのもおもしろいですね。

カード遊びや数あて遊び

　5つの遊びを紹介します。「おもしろそうだな」と思うものを試してみてください。
　注意すること。これらはあくまでゲームとして楽しんでください。間違っても「そうじゃないでしょ！」などとしかったりせず、「それでいいのかな？」と一緒に考えて、気楽に遊びましょう。
　数字カードを作る場合、6と9の区別がつくように、ひらがなや漢字を小さく併記(へいき)するか、別の印(しるし)をつけるなど工夫しましょう。

♥あわせて10（10の補数見つけ）◆

＜用意するもの＞
・1〜9までのカード、5組〜6組。
＜カードの作り方＞
①ケント紙または工作用紙を、トランプと同じ大きさに切ります。
②①のカード1まいに1つずつ、1〜9までの数字を書きます。
＜遊び方＞
　2人から遊べます。人数が多い時はカードのまい数を増やします。
①カードをすべて裏返しに置きます。
②順番を決め、カードを2まいずつめくります。
③「2まいめくって合計10」になると、自分の持ち札になります。
　ならないときは、また同じ場所にふせてもどします。持ち札の多い人が勝ちです。

♥計算しりとり◆

<用意するもの>
・計算式のカードを20まい。

<カードの作り方>
　167ページに型紙があります。これを参考に作ってください。
①ケント紙または工作用紙を、長方形に20まい切ります。
②①のカードに計算式と答えを書きます。
＊計算式は、学校で習った範囲のたし算とひき算だけ。
＊長く「しりとり」を続けるポイントは、カードの作り方にあります。使う数字に偏りがないか、たし算・ひき算をまんべんなく使っているか、注意しましょう。

<遊び方>
　2人で遊びます。
①カードをよくきって、10まいずつ配ります。
②順番を決め、まず一人がカードをどれでも1まい出します。
③もう一人は、相手が出したカードの答えを見て、その数字から始まるカードを1まい出します。
　（例えば、『10－3＝7』のカードの次は、「7」からはじまるカード「7＋2＝9」や「7－5＝2」など）。
④出すカードがなくなった人が負けです。
＊慣れてきたら、答えを空欄にして、暗算してみるのもおもしろいでしょう。

♥数あてゲーム◆

<用意するもの>
・ケント紙か工作用紙で、1～20までのカードを1組作ります。
<遊び方>
　2人で遊びます。
①カードをよくきって、2人の真ん中にまとめてふせて置きます。
②じゃんけんに勝った方が、カードを1まい選び、もう一人はその数字を当てるために、質問をします。
＊質問は、「4より大きいですか。」「10より小さいですか。」等、どんなことを聞いてもかまいません。
③質問された方は、「はい」と「いいえ」だけで答えます。
④質問回数を記録しておきます。（下図では質問するたびにマッチ棒を置いて数えています。）
⑤質問者が正解を出せば攻守交代。はずれたら質問を続けます。
⑥カードがなくなるとゲーム終了。質問回数の少ないほうが勝ち。

♥オーノー19 ◆

<用意するもの>
・数字カード24まい、計算カード16まい。
<カードの作り方>
　169ページに型紙があります。
・ケント紙または工作用紙で、「1」「2」「3」「0」の数字カードを各6まい、「ひく1」「ひく2」「ひく3」「リバース」の計算カードを各4まい作ります。
<遊び方>
　4人ぐらいで遊びます。
①カードを全部まぜてよくきり、全て配ります。
②じゃんけんで親を決めます。親はまず手持ちの数字カードの中から1まいを場の真ん中に置きます。
③次の人からは何を出してもOKです。
④前の人が出したカードの数に自分が出したカードの数を次々にたしていきます。（例えば、1人目が「3」を出し2人目が「0」3人目が「1」だと、その時点で合計4）
⑤「ひく1」「ひく2」「ひく3」カードは、ひき算をします。（例えば、前の人までの合計が17で「ひく2」カードをだすと、15）
⑥「リバース」カードは逆まわりで、合計は変わりません。
⑦カードを出してたし算をした時に、19を超えたら負け。
⑧出すカードがない時は、「オーノー」と声に出して負け。
（例えば、前の人までの合計が2で、手持ちのカードが「ひく3」しかない場合など）

♥カードあわせ◆

＜用意するもの＞
・計算式カード、答えのカードをそれぞれ人数分×10枚くらい。
・計算式カードは長方形、答えカードは正方形に切る。
・計算式カードに式だけ、答えカードには答えだけを書きます。計算は、学校で習ったたし算・ひき算のみ。
＜遊び方＞
　２人以上何人でも遊べます。
①カードをすべてよくきって、裏返しにして置きます。
②順番を決め、計算式カードと答えカードを１まいずつめくります。
　２まいのカードの答えが同じ場合、持ち札になります。違う場合は、同じ位置にそのまま表を向けておきます。
③場にふせたカードがなくなればゲーム終了。持ち札の多い人が勝ちです。

■家で教えるのはなかなか大変

　はじめての夏休み。わが子が算数でつまずいているとしたら、何とかしてあげたいと思うのが親心です。でも、家庭で子どもの学習を見てあげるのは、そう簡単なことではありません。特に、シングルだったりすると、並大抵のことではありません。

　働くお母さんと心を通わせながら、夏休みの間に「算数嫌い」から「算数大好き」に変身した、しおりさんのちょっといい話…。

　しおりさんが算数でつまずいていると知ったお母さんは、本屋さんで良い問題集を探したけれど、なかなかいいものが見つかりません。

夏休み！　遊びながら算数しよう―1年生編

そこで自分で問題を作ることにしたのです。夜仕事から帰ってきて、しおりさんのノートに丸をつけ、次の日の問題を書く、という毎日。お母さんの作ってくれた問題に挑戦しながら、やがてお母さんあてに問題を作りはじめたしおりさん。こんな問題だったそうです（下図）。もちろんお母さんは、かわいいわが子の問題も、喜んで解いてあげました。

　親子の問題作り交換ノートは夏休み中続けられ、2学期を迎えました。担任の先生は、見違えるほど自信を持って算数に取り組んでいる

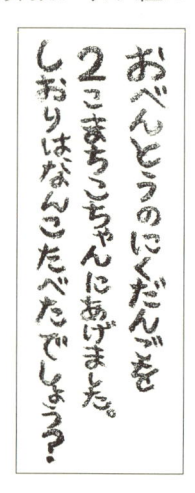

しおりさんを見て、ビックリ。お母さんから、すでに述べたような秘密を初めて聞かされたのです。

　しおりさんが算数のつまずきを克服したのは、ただ問題を数多くこなしたという事だけではありません。大好きなお母さんに問題を作りながら、算数を理解していったのです。問題を考えて作ることは、子どもたちがその内容をしっかりつかんでいないとできないからです。"親子で問題作り"ちょっと素敵な学習方法だとは思いませんか。

　（本来、子どもがわかるまで学校で教えるのが筋だと思いますが、このように時にはお父さんやお母さんの力を借りることも必要なのが現実です。）

■指を使うのは禁止した方がいいの？

　指を使って計算することが、どうしていけないことなのでしょうか。結論から言えば、**"指を使う算数"**（数え主義）のもっとも大きな問題点は、「数を量として理解すること」「位取りの概念」が育たないことです。（17ページ。「集合数」と「順序数」を参照してください。）

　指は大変重宝な計算道具です。たし算もひき算も答えが出せてしまうのです。でも、「数え主義」は「量」を考えていませんから、答えは合っていても考え方はまるで違います。数の世界を理解する上で欠かせない「量」の概念＝数をかたまりとして理解することができないのです。

　次に、指を使った「数え主義」では、位取り概念が育ちません。

夏休み！　遊びながら算数しよう―1年生編　59

「20」の数字のところで（40ページ）触れたように、1の位が9から1増えると、1の部屋には何もなくなって0。代わって10の位に1が立つのです。こうした位取りの考え方が理解できないと、くり上がり・くり下がりの理解は難しいでしょう。

ただ、だからといって、わが子が指を使うことを「禁止」する必要はありません。あせらずに、本人が指から自然と離れられるまで待つことが大切です。もし、心配であれば次の方法を試してください。

＜『指折り』から離れる方法＞

指にいつまでもたよる子の場合、3や4などがかたまりとしてとらえられるようにしましょう。次の方法を試してみてください。

①数字をタイルやブロックに置き換えて、物とのかかわりで数が理解できるように何度も練習しましょう。

②次に、計算テレビ（48ページ）を活用しましょう。すでに説明したように、抽象的な数字の脇にブロックやタイルを書いていくと、頭の中でのイメージがしやすいのです。

いきなり数字だけをつきつけるのではなく、具体的なものから抽象的なものへ段階を踏まえて練習していくと、やがて子どもは指から離れ、量に裏付けられた集合数のイメージが形成されていきます。「いつまでもブロックに頼ってしまう。」という心配も無用です。自然に数字だけの計算の世界に入っていけるのです。

第2章
2年生の算数

7 「かけ算」って、便利なんだね

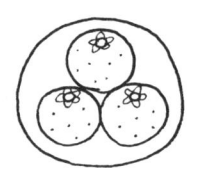

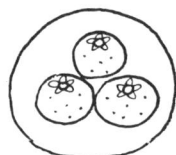

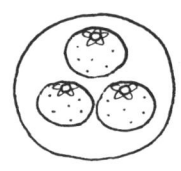

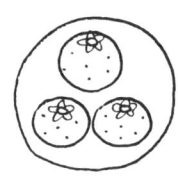

どうして、3こ＋3こ＋3こ＋3こ＝12 この式ではダメなの？
わざわざかけ算をならうのはなぜ？

　2年生になると、たし算・ひき算に続いて、**かけ算**という新しい演算を勉強します。でも、どうしてかけ算をならわなければならないのでしょうか。みなさんも一緒に考えてみましょう。
　上の問題だと、みかんは同じなかまの量なので、たし算でも全部の量は出せます。答えは12こです。かけ算にすると、

　3こ／さら×4さら＝12こ

となり、答えは12こで同じです。ところがすでに述べたように、たし算・ひき算は同じなかまの量の演算ですが、**かけ算**は「3こ／さら×4さら」のように違うなかまの量の演算です。かけ算は今まで学習してきた算数の世界とは、全く違う新しい学習の世界なのです。

　さて、かけ算には、次の3つの意味があります。

❶（1あたりの量）×いくつ分＝全体の量
　「1さらに3こずつ、5さら分で15こ」（『学校図書2年下』）

❷（もとになる量）×倍＝比べられる量
「24 m²のへいのペンキを全体の 25％ ぬりました。ぬった面積は 6 m²です」(『学校図書 5 年下』)
❸たての長さ×よこの長さ＝（面積）
面積×長さ＝（体積）など、新しい単位が作られるもの。

このうち、もっとも典型的な❶を 2 年生で学習します。
　かけ算というと、「九九」の暗記と計算練習に偏りがちですが、かけ算の意味を正しく理解し、「自分で式を立てられる」ことが、今後の算数や理科学習にとって、とても重要です。
　私は、子どもたちが興味を持って取り組めるよう、次のような方法で学習しています。
　①たし算とかけ算は意味が違うことを発見する。
　②普段の生活の中から、「どんな時にかけ算を使うか」調べて、1あたり量×いくつ分＝全体の量という、かけ算の意味を理解する。
　③九九は、ゲームを通して、楽しく学ぶ。
　学校では、「『かけ算』は、『1 あたり量×いくつ分＝全体の量』のこと・『倍』」だと教えます。でも、そう言われただけで「なるほど！」と納得する 2 年生はめずらしいですね。子どもたちは、こうした言葉 1 つにも疑問を感じ、頭を悩ませているのです。
「学問って『問い』から始まるものなのだなあ。」と実感した、2 年生の算数の授業をご紹介しましょう。

1．かけ算の意味がわかったよ

　算数の授業＝「かけ算」の始まりです。
「2 年 2 組に、宅配便ですよ。」
　ドアの外の声に何事かと子どもたちが驚いていると、教室に大きな箱が届きました。（実は、事務の先生にあらかじめ頼んでおいたのですが、それは秘密です。）

子どもたちは、「何が始まるんだろう。」とワクワクしています。添えられた手紙を読みながら箱を開けると、中には袋がさらに4つ入っています。第1の袋を開けると、チョコレートの箱が3つ入っていました。手紙には「ぜんぶのかずはいくつでしょう。しつもんにはひとつだけこたえます。」と書いてあります。子どもたちはたくさんの質問の中から、「1はこに入っているチョコレートの数はいくつ？」をえらびました。「1はこ2こ入り」がわかったので、「全部の数は、3はこで6こ」と予想しました。箱を全部開けて確かめてみると、みごとに6こで正解です。

　2袋目はキャラメルの箱が4つ。「1はこに入っているキャラメルの数はいくつ？」の質問で、答えが「1はこ10こ入り」とわかったので、同じようにまず全部の数を予想してみます。4つの箱を開けて確かめると、やはり全部で40こありました。

　3袋目も同じように予想できたでしょうか？　箱が4つ、中に入っているガムの数は、3こ・2こ・4こ・1ことバラバラです。これでは、全部の箱を開けてたし算していくしかありません。でも、同じ数ずつ入っている場合は、全部の箱を開けてみる必要がないのです！

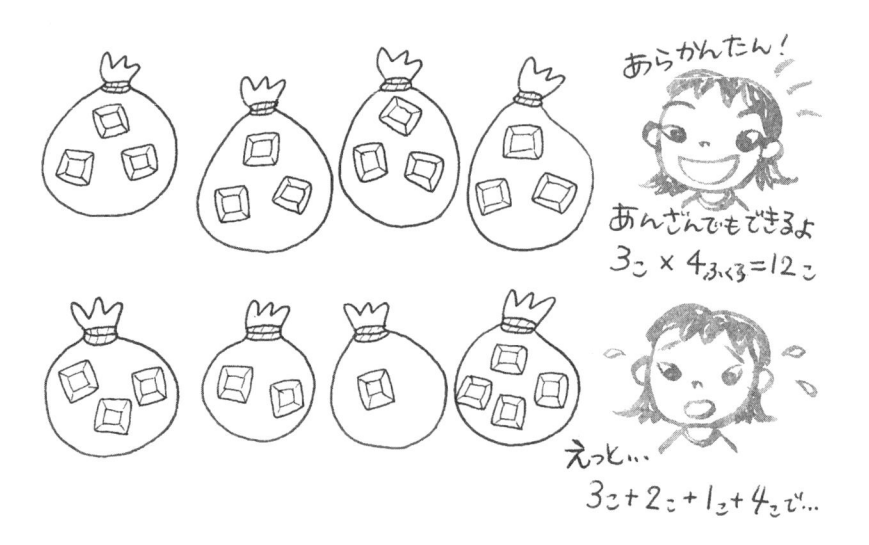

「同じ数ずつ入っている時、1箱の中身の数がわかると、あとは箱の数さえわかれば全部開けて見なくても全部の数がわかる。」

　これがかけ算であり、たし算とは違う世界なのです。
　この後、たし算とかけ算の違いをはっきりとさせるために、みんなで式に単位をつけ、電卓を使って答えを出してみました。やはり、たし算とかけ算の違いがはっきりとしてきたのです。
　ところが、「遠足のバス代が1人80円かかります。クラス全員23人だといくらかかるでしょう。」を考えてみたときです。
「かけ算は、9までしかできないよ！」
と主張する子がいました。彼は、家で九九の予習をして、もう全部唱えられるのです。
「でも、みんな同じだからできるよ。」「1人80円って決まっているんだからできるよ。」
という他の子どもたちの意見が出て、討論した結果、
「9より大きな数でも、同じずつあるとかけ算はできる。」
と、みんなで納得できました。
「かけ算て、便利だねえ。」
　突然、川口君が言いました。彼は、この授業ではじめて「かけ算」と出合って、感動もひとしおです。

2．1あたり量って、なに？

「先生、このぼくのふりかけ当たりだよ。」
「あっ、ぼくのも当たりだ。さっちゃんのも、みんなのも当たりだよ。」
　給食に出されたふりかけの袋を見ていた1年生が、突然うれしそうに言いました。何だと思いますか。
　子どもたちが持っている袋を見ると、なるほど書いてありました。
　100ｇあたり◯◯キロカロリー
　子どもたちはこの「あたり」という字を見て、「あたり、はずれ」

7　「かけ算」って、便利なんだね　65

のことだと勘違いしたのです。子どもたちにこれほどなじみのない、「○○あたり」が、算数ではかけ算に使われます。

1あたり量×いくつ分＝全体の量

この言葉を理解するためには、かけ算が実際の生活でどのように使われているのか、みんなでいっしょに探りながら考えていくことが必要です。

(1) ♠かけ算探検♣

私のクラスでは、子どもたちと一緒に「だれが、どんなところで、かけ算を使っているのか」——"**かけ算探検**"をしてみました。家の人とも相談しながら、色々と見つけてきました。その一部を紹介しましょう。

「同じずつのものがいっぱいあるとき、かけ算は使うんだよ。おかあさんが、夕ごはんにコロッケを作っていたよ。うちは7人かぞくで1人に2こずつコロッケをあげるから、いくつ作るかって、おかあさんはかけ算使っていたよ。」

「パパはかんじゃさんにおくすりあげるのに、1ふくろ3つぶのくすりを入れて、かけざんつかうんだっていっていました。」

> えーっと、鈴木さんはこの薬を3つぶずつ1日3回のむから…
>
> 1かい
> 3つぶ×3かい＝9つぶ
> だナ！

「おばあちゃんは、切手を買う時に1まい80円の切手14まい買うといくらになるか計算する時に使うって言ってました。」

> 80円切手を14まい買うのにお金はいくらかしら？
>
> 80円×14まい＝
> 1120円だわ。

　自分が調べてきたことが、「かけ算」の問題になる。友だちの意見も聞きながら、「こんなところでも、かけ算が使われているんだね。」と気づいていきます。もちろんこれをもとにしたかけ算問題には、みんな意欲的に取り組むことができました。

(2)♠かけ算お店屋さんごっこ♣

"かけ算探検"をした後、さらに遊びながらかけ算を理解するために、"かけ算お店屋さんごっこ"をしました。

　ルールは簡単です。

①まず、子どもたち1人ひとりが、家にあるシールやビー玉、ミニカー、折り紙等をたくさん持ってきます。

②お店屋さん役の子は、持ってきたシールなどを、同じ数ずつ袋に入れたり、お皿にのせたり、箱に入れたりして開店の準備をします。看板には 1さら3こ や 1だいに4つ などと、1あたりの量を書いておきます。

③お客さん役の子は、それを見て「買う」のではなく、全部でいくつ

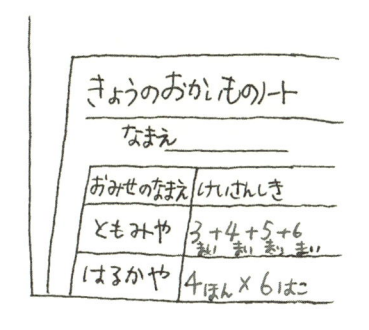

あるのか計算式を立てて、電卓で全部の量を「計算」します。この時大切なことは、式に必ず単位をつけること。単位をつけると、かけ算の意味が一層鮮明になってくるからです。

④お店の中に他にも品物（別のおもちゃなど）がある時は、1こ・3こ・5こなどとバラバラな数の入ったお皿も置いておき、たし算の問題も出します。たし算とかけ算の世界の違いが遊びながら確かめられるお店屋さんです。

　みんなで"かけ算探検"をした成果でしょう。まだ学習していない「重さ」や「値段」を使った問題まで登場しました。「1あたり量」は、教科書に載っているような「お皿に乗っているリンゴ」などの個数だけでなく、値段や重さなどの量でも表されるものがあるのです。

　この遊びは、九九について何も知らない子も、たし算・ひき算ができない子も、「これなら簡単にできておもしろい。」と意欲的でした。計算は電卓を使えば良いし、式だけなら作れる子が多いからです。

7　「かけ算」って、便利なんだね　　69

3．かけ算の意味がもっともっと身につく方法

　学習を進める上で、「なぜ？」「どうして？」という問いが大切なことを説明してきましたが、何よりもまず大切なのは、子どもたち自身が「楽しい。わかった。」と思えることです。もう一つ大切なこと、それは習熟です。一度「あっ！　わかった。」というだけで終わらせずに、繰り返しやって身につけるということですね。
　「かけ算」学習を子どもたちの中に定着させるために、私の教室では次のようなことをしました。2つともクラス全員で取り組むと、「こんなところにもかけ算が使われているんだね。」「こんな問題も作れるよ。」と、新しい発見があって一層理解が深まります。ぜひ試してみてください。

◆ "1あたり量探検"
　身のまわりで「1あたり量」がどのように使われているのかを探る。
・チョコレート1箱に12つぶ入り（12つぶ/箱）
・牛乳1パック200ミリリットル（200ミリリットル/パック）
・車1台にタイヤ4こ（4こ/台）　　　　　　　　　　　　　　など。

◆ "2の段探検"問題作り
　生活の中で2×○になる場面を探す。
・我が家には自転車が5台あります。タイヤは全部でいくつ？
　（2こ/台×5台＝10こ）
・家族が6人です。おはしは何本？
　（2本/人×6人＝12本）　　　　　　　　　　　　　　　　など
（これは、2の段のときだけでなく、9の段に行くまでに時々やると、効果的ですよ）。

4．九九ゲームいろいろ

　さあ、頭の痛い九九の登場です。お父さんお母さん自身も昔の苦労を思い出されることでしょう。
「九九を覚える」ための、子どもに人気の簡単なゲームを紹介しましょう。もちろん家庭でも手軽にできます。楽しいゲームは、子どもたちを夢中にさせます。九九を覚えていない子は、九九手帳（172ページ）を持ってゲームに参加します。みんなとゲームをしているうちに、だんだんと九九を覚えたくなるのです。
　今は、九九を覚えるための手段として、CDにビデオ…などなどたくさんの商品が店頭に並んでいます。通信教育でも付録として付いてきます。でも次ページから紹介するのは、一人ではなく友だちと一緒に楽しみながらやれるゲームです。

──『九九』の話──

「ににんがし、にさんがろく…」と唱えるものを、どうして『九九』というのでしょう。不思議に思いませんか？
『九九』は、今から千年以上前に中国から日本に伝わってきました。子ども向けに書かれた『口遊（くちずさみ）』（源為憲著）という、公家の知識を教える平安時代の教科書に『九九の表』が登場します。ここでは、「一一が一（いんいちがいち）」からではなく、「九九　八十一（くくはちじゅういち）」から始まっているのです。
「難しい方から早く覚えさせるために、九九から先に習わせていたのではないか」と言われています。
（『なぞとき物語』板倉聖宣＆村上道子編著・仮説社を参考）

♠テープに負けるな♣

＜遊び方＞
①テープレコーダーに、各段の九九を録音していきます。
②答えは録音しません。「にいちが…、ににが…、にさんが…」というように、答えのところは声を出さず、少し間を置いて録音します。
③いろいろなコースで録音しておきます。
・ゆっくりコース（ゆっくりしたスピードで録音する）
・スピードコース（早口で録音。つまり答えも急いで言う）
・下がり九九コース（九九を「にく、にはち、にしち」などと逆から言う）
・バラバラ九九コース（順番に唱えず「にさんが…、にく…、にろく…」などと、バラバラに録音する）
＊子ども自身の声でもいいし、家族の声で録音してもいいでしょう。

　　九九は、普通「にいちがに、にさんがろく、にしがはち、にごじゅう、」と唱えていきます。でも、"テープに負けるな"は、答えを声に出すだけで、後はテープレコーダーが言ってくれるので、ただ唱えるよりも速く覚えられます。
（和光学園和光鶴川小学校2年生の取り組みから教わりました。）

♠タイムトライアル♣

＜用意するもの＞
・単語カード90まい ・白い紙9まい ・時計

＜カードの作り方＞
①単語カードに、各段ごとの式を全て書きます。（「２×１」「２×２」……「９×９」）
②白い紙に、下図のように合計10このマス目を書き（一つの大きさは単語カード大）これを合計9まい作ります。
③一まいの紙には同じ段の答えのみ順不同で書きます。

＜遊び方＞
①どの段で遊ぶか決めて、カードと紙を用意します。
②マス目に書かれた答えにあうカードを置いていきます。答えと式をつなげるスキルです。
③「カードをすべて置くのに、何秒かかるか」タイムを計ってみます。「正しいところに置けたか」も重要なポイントです。

7 「かけ算」って、便利なんだね　73

♠サイコロコロコロ♣

＜用意するもの＞

・サイコロ２つ

＜サイコロの作り方＞

① １つのサイコロには、１あたり量をイメージして図のように単位をつけた、６この数字（１ケタに限る）を書きます。

② もう１つのサイコロには、単位をつけずに６この数字（１ケタに限る）を書きます。

＊１７０ページに型紙があります。（数字や単位は自由に作り変えてください。）

１あたり量のサイコロに書く例

１クラス	１わ	１まい	１だい	１チーム	１はこ
1	**2**	**3**	**4**	**5**	**6**
さつ	ほん	えん	つ	にん	こ

＜遊び方＞

① サイコロを２つ同時に投げます。

② 出た目で「１あたり量×いくつ分＝全体の量」の式を書きます。単位を忘れずにつけましょう。

③ 式の計算をします。

＊出た目にしたがって、文章題を作ってもおもしろいでしょう。

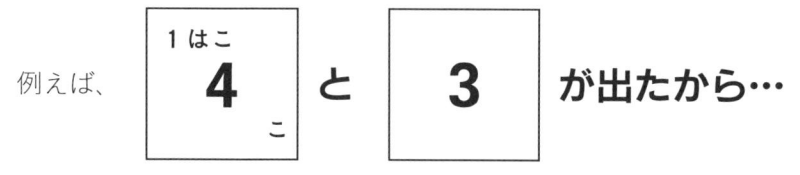

例えば、 | １はこ **4** こ | と | **3** | が出たから…

「リンゴが１箱に４こ入っています。３箱あると全部でリンゴは何こあるでしょう」など。

（式は、 ４こ／はこ×３はこ＝１２こ）

♠お絵描(か)きでかけ算♣

＜用意するもの＞
・2の段から9の段までのかけ算の計算式を書いたカードを1組（72枚）用意します。0はふくまずに作ります。
・白い紙（絵が描けるもの）

＜遊び方＞
①カードをよく切ってふせておきます。
②カードを1枚ひきます。
③ひいたカードの式に合う場面の絵を、考えて描きます。

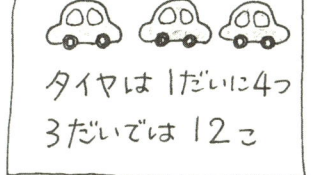

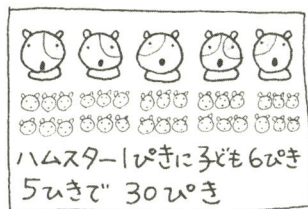

タイヤは1だいに4つ
3だいでは12こ

ハムスター1ぴきに子ども6ぴき
5ひきで30ぴき

　絵を描くと、かけ算を使うのはどんな場面なのか、はっきりしてきます。子どもたちは、文よりも絵の方がわかりやすいようですね。

7 「かけ算」って、便利なんだね

♠めいろ♣

＜用意するもの＞
・図のように、子どもたちが大好きなめいろを九九で作っておきます。
＜遊び方＞
①スタートの数字から何の段か考えます。
②見当をつけた九九を唱えながら答えのところをたどってゴールに出ます。
③何の段の九九だったのかゴールでわかります

（『算数パワーシート　２年』（民衆社）を参考に作っています。）

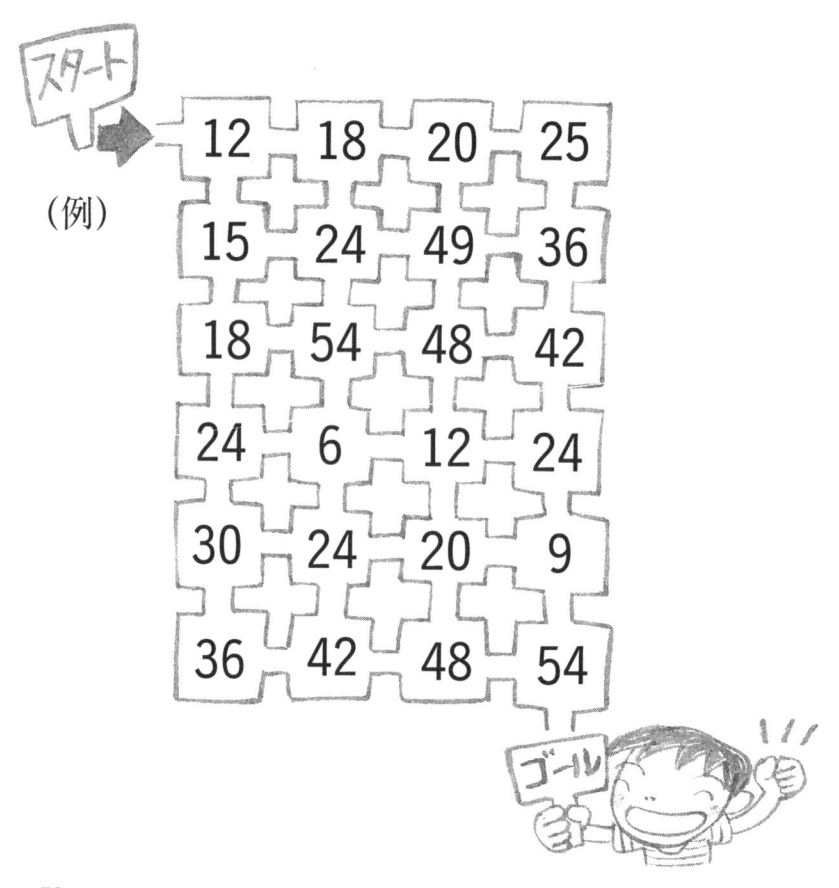

（例）

スタート →

12	18	20	25
15	24	49	36
18	54	48	42
24	6	12	24
30	24	20	9
36	42	48	54

ゴール

♠魚つり♣

＜用意するもの＞
・クリップ付き魚の絵(中央に、12・24などと九九の答えを書く)。
・磁石付きつりざお(さおはものさし・ほうきなど、糸はビニールひもなど身近にあるもので)。

＜遊び方＞
①順番に魚つりをする。
②つった魚に書いてある数を見て、その数になるかけ算の式を書く。
　(魚に12と書いてあれば、3×4・4×3・2×6・6×2など)

7 「かけ算」って、便利なんだね

♠君の記憶は確かか？♣

＜用意するもの＞
・カード
（1つの計算式に4種類ずつ。式・タイル図・絵・おはなし）

＜遊び方＞
①カードをよくきり、すべてふせて場に置く。
②順番に一人2まいずつめくる。2まいのカードが同じなかまだと自分のものになる。
③多くとった人が勝ち。

＊「1×1」から「9×9」まで全て4種類のカードを用意するのは大変。必要な計算式だけをいくつか決めて、カードを作っても良いでしょう。わたしの教室では息の長い流行に。3年生になってからも、雨の日などはこれで遊んでいました。

♠カルタとり♣

＜用意するもの＞
・"君の記憶は確かか？"のカード。
＜遊び方＞
①読み手を一人きめる。
②「おはなし」カードを読み札にし、後のカードをすべて表向きで並べる。
③読まれたカードに合うカードを取る。取ったカードの多い人が勝ち。

■どうして「かけ算」っていうの？

「でもさ、何で『かけ算』って言うの？」
　かけ算の勉強の時、川口君が首をかしげながら、みんなに聞きました。子どもたちは、どのように考えたでしょう。

「そんなの、昔の人たちが決めたんじゃないの。どうして『えんぴつ』って言うのと同じだよ。別に意味なんてないんじゃないの。」
と、他の子が、言います。彼は、「かけ算」を家で学習ずみです。また別の子が、
「でも、漢字でやったけど言葉にはいろいろ意味があったよ。そんなのわかんないよ。調べてみなきゃ。」
　そこで、さっそくみんなに考えてもらいます。
「みんなは、『かける』ってどんなときに使うのかな。」
　子どもたちは生活の中で使っている『かける』を出し始めました。
「犬が、おしっこをかける。」
「電話をかける。」
「洋服をハンガーにかける。」
「ふとんをかける。」
「校庭をかける。」
「ＣＤをかける。」
「しょうゆをかける。」
「声をかける。」
「カバーをかける。」
　子どもたちの活発な意見で、「かける」は、生活の中でさまざまに使われていることがわかりました。
　さて、この中で算数のかけ算とイメージが似ているものは何でしょう。みんなで考えながら、イメージが違うものをまず省いてみました。子どもたちがすぐに考えついたのは、「校庭をかける」で、これは

「走る」ことですから関係ありません。「CDをかける」も違います。「しょうゆをかける」も違うようです。

　そして、子どもたちはついに見つけたのです。「ふとんをかける」は、同じ物をかけていくという、かけ算のイメージと似ています。ふとんを1まい2まいと上に乗せていく、つまり「乗せる」は「乗法(じょうほう)」、まさにかけ算です。また、「ふとんを乗せていく」ことは、1まい2まいと積んでいくことでもあります。「積む」もかけ算の答え＝「積(せき)」ではありませんか。

　川口君の素朴な疑問から始まったこの日の授業。そのおかげで子どもたちは、かけ算のイメージをしっかり身につけることができました。また、「乗」の漢字学習にも大いに役立ったのです（82ページ）。

　通信にこの時の学習の様子を載せると、お母さんやお父さんたちから反響がありました。

　　「『かけ算』てなぜ言うのかなんて、考えたこともありませんでした。でも、子どもたちの疑問からおもわぬ事の発見につながり、子どもの疑問もばかにできないと思いました。」

　2年生の2学期は、かけ算を学習します。
「かけ算て、知っているよ。にいちが2、ににが4っていうんだよ。5の段も言えるよ。」
「わたし、九九の歌のCD持っているよ。」
「ぼく、九九のビデオ持っているよ。」
と、あらかじめ通信教育や塾で学習している子も多く、みんな誇らしげに言います。

　でも、「知っている」という子たちのほとんどが、「かけ算＝九九」とだけ思っているようですね。川口君のように「そもそも、どうして『かけ算』って言うんだろう」と、立ち止まって考えてみることは、遠回りなようでいて、かけ算をより深く理解する道なのです。

■番外編 — 漢字先生

　真由さんは、この時の学習がとても印象的だったようです。3年生の時、"漢字先生"になってみんなに「乗」の字を教える時に、手で重ねるイメージを使いました。
「私が今日やる漢字は、2年の時の勉強に関係があってこれです。」
と絵のようなポーズをとると、子どもたちは次々に質問をして真由さんのやる漢字を当てました。
「それはものですか。動きですか。」
「動きです。」
「どんなときに使いますか。」
「2年生の算数に関係あります。」
「えっ、それってかけ算？」
「わかった、『乗る』だ。」

"漢字先生"は、子どもたちが文字通り先生になってみんなに漢字を教える方法で、教師が教え込む漢字学習よりも効果的でした。
　進め方は、
　①子どもたち１人に１字ずつ漢字を分担してもらいます。
　②前ページ右下図のような画用紙を用意。担当の子どもに、字の形、読み方、書き順、成り立ち、熟語・使用例を調べさせて鉛筆で薄く書かせます。（低学年でも十分にできますが、成り立ちは教師が補足にあげる方がいいですね。）
　③発表する時は、クイズのように物や動作を使って「今日私がやる漢字は、これに関係があります。さて、なんでしょう？」と始めるのです。
　（安全の「安」をやる子はヘルメットを持ってきたり、「温かい」をやる子はジェスチャーでやったりしました。）
　子どもたちは、自分が先生になって漢字を教えるのが大好きで、いろいろ調べたり相談したりしながら準備をしてきます。また友だちの発表を聞いたり答えを考えたりするのも好きです。実感やイメージをもって学習できる"漢字先生"は、漢字も覚えやすいようです。

8 「長さ」を探検しよう

どちらのリボンが長いでしょうか？
「同じ」という答えはどうしていけないの？

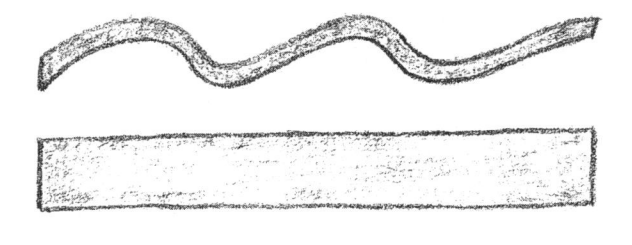

　上の絵を見て、「2本の長さは同じ。」と答えた子どもは、大切なことがよくわかっていますね。大切なこととは、「**長さを比べるときには、端をそろえる**」ということ。次に、長さは太さに関係ないということも。まずそこを誉めてあげたいですね。
　でも、曲がったリボンをまっすぐに伸ばすことを忘れているようです。長さは、まっすぐに伸ばしたその端から端までのことを言います。曲がったものは伸ばすと長くなるのです。

　今までは、リンゴ1こ・イヌ1ぴき・鉛筆1ぽん…などといった、バラバラになる量（**分離量**）を学んできました。バラバラにならないつながった量（**連続量**）は、この長さではじめて学びます。
　ものさしという新しい用具を使って測ったり、センチメートルやメートルなど今まで知らなかった単位に出合います。子どもたちは、どんなところでつまずいているのでしょう。

2002年の教科書から、1・2年生で学習する「量」は「長さ」だけになりました。今までは「かさ」や「長さ」等いろいろな量を一緒に学びながら、それぞれの比較の仕方や「単位の誕生」の学習もしていたのです。でもこれからは、時間をかけてじっくりと「長さ」の学習をし、身のまわりでどう使われているのか、ものさしの使い方、直線の書き方等も一緒に学ばせたいものですね。
　「ぼくの足の方が長いよ。」「私の方が遠くまで跳べるよ。比べてみる？」―など、長さを比べることは、子どもにとってはとても身近です。でも、長さを正しく理解しているか、というとどうも混乱している子が多いようです。これから、「長さの混乱―2つの話」をします。

1.「大きい」と「長い」が一緒になってしまうよ

　ある日、私は「太い大根」と「細くて少し長いゴボウ」を持って教室に入りました。「どちらが長いのか」子どもたちの討論の様子をマンガでご紹介しましょう。

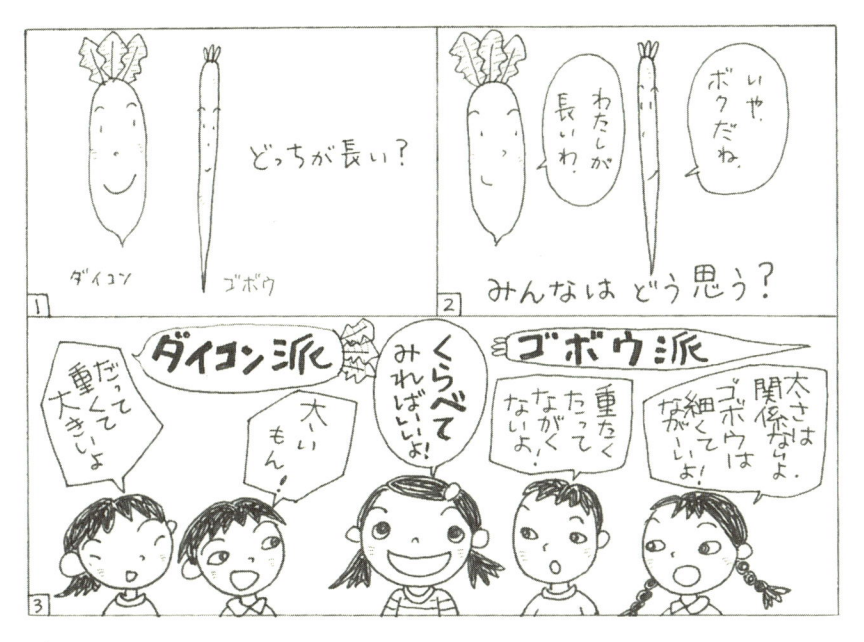

8 「長さ」を探検しよう　85

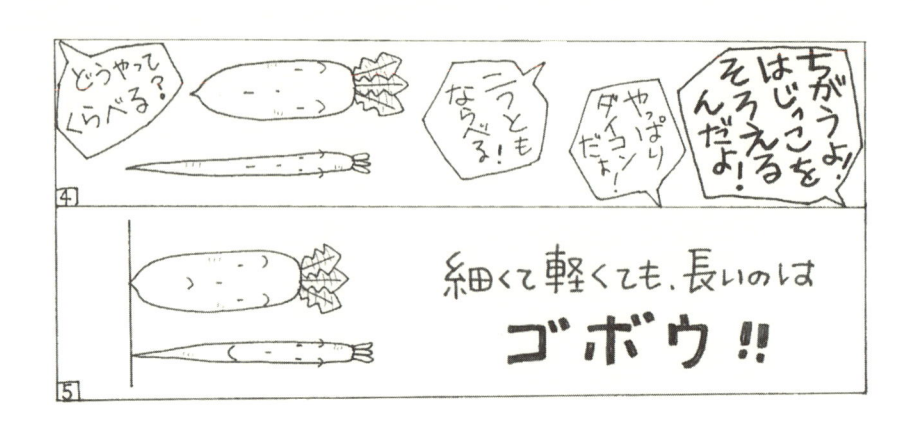

2. ものさしで測ると、いつも合わないよ

「子どもに、ものさしで長さを測らせると、いつも1センチ多くなっちゃうんです。」

—2年生のお母さんから相談を受けました。

その子が実際に測る姿を見て、納得。彼は、ものさしの目盛りの一番端を1cmと読んでしまうのです。どうして、こんなことになるのでしょう？ 幼い頃から、「1、2、3」と物を数えてきた経験を持っている子どもたちです。1番はじめは0でなく、1と読みたくなってしまうのですね。これでは、どうしても1センチ多くなってしまうはずです。

この間違いを克服する方法を紹介しましょう。

1センチメートルものさしを作りましょう

目盛りがついてる工作用紙が便

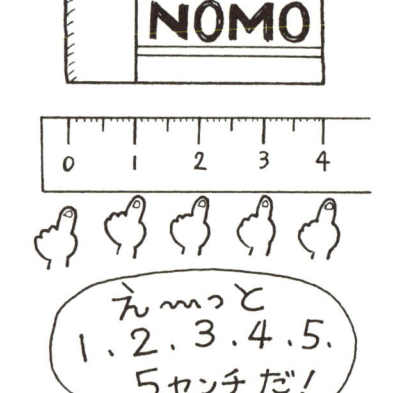

利で、作りやすいでしょう。
　①下図のようなものさしを作ります。
　　できれば子どもと一緒に、「これが1センチだね。」などと話しながら作りたいものですね。
　②一辺が正確に1センチになるように注意しながら、各辺に、「1センチ」と書いておくと、後で測る時にわかりやすいですね。
　③手作りものさしを、下図のように対象のものにあてます。
　　端から1センチの方眼の個数を数えます。5センチのものであれば、1センチの四角が5つあることがわかります。すると、「1センチが5つ分で5センチ。」だと理解できます。

■ 0の発見

　子どもを惑わす「0」について、ひとこと。
　0が発見されたのは、「紀元後500年代にインド」と言われています。最初は"○（白丸）"、次に"・（点）"で表記し、15世紀になっ

て今の0になったということです。0の発見は数学の歴史の中で大きなできごとでしたが、今私たちは、0をいろいろに使い分けて、時には混乱させられながら生活しているのです。3年生の子どもたちが給食を食べながら、こんなことを言っていましたよ。

「先生、0って何もないって勉強したでしょう。でも、天気予報で0℃って言っていたけど、もっと寒いのはマイナスって言っていたよ。0って何もないんじゃないみたい。」
「うんそうだね。貴弘君すごいこと気がついたね。」
「前から時々変だと思っていたんだけど、0時10分って言うのも何にもないって言うのとは違うような気がするんだ。」
「0ってさ、ふしぎだね。」
「この間、出張から帰ってきたお父さんが言ってたけど、日本のビルは1階から始まって下は地下1階って言うけど、イギリスは0階があるって言ってたよ。グラウンドフロアーって言うんだってさ。」

ひとしきり0にまつわる話に花が咲きました。子どもだからと侮（あなど）ってはいけません。大人でも気がつかない、子どもたちのすばらしい、とても大切な0の発見でした。

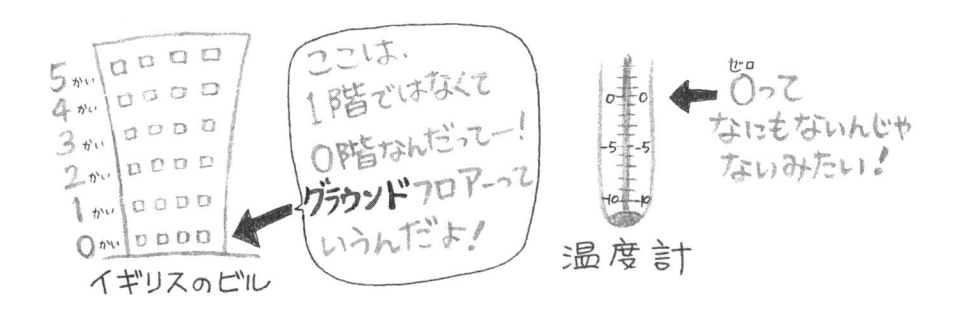

3. 教室の中で一番長いものはなに？

　センチメートルやメートルも、「当然覚えるべき単位」として子どもに無条件に「与える」ことはしたくありませんでした。
　私のクラスでは、「教室の中で一番長いものは何だろう？」と「考える」ことから始めました。子どもたちから、
「蛍光灯。」
「天井の柱。」
「黒板。」
「教室のたて。」
「教室のよこ。」
など、様々な「長いもの」が出されます。でも、「どれが一番長いか」どうやって調べるのでしょう。これらは、並べて比べることができないのです（子どもたちは、1年生の学習で「端をそろえて、まっすぐに並べると長さが比べられる」ことを学んだのですが）。
　困った子どもたちからは、
「長いひもで測って、ひもの長さ比べをする。」
「みんなの教科書を集めて、教科書がいくつ分かで比べる。」
と二つの考え方が出されたので、それぞれのチームに分かれて実験してみることにしました。
　"ひも派"は、見た目の予想と同じ「教室のたての長さが一番長い。」という結果になりました。でも、"教科書派"は「よこの長さの方が長いよ。」と、反対の結果が出たのです。どうしてでしょう。
　"教科書派"の子どもたちが測る様子を見てみましょう。
　クラス全員の教科書を集めて、まず教室のたてに並べました。そのまま続けて教室のよこにも並べていったので、教科書が足りなくなってしまったのです。子どもたちは「日記帳ならみんな持ってるよ。」と、日記帳を集めて、足りないところにおいていきました。日記帳は教科書よりも一回り小さいのです！　その結果、教室のよこの方がた

てよりも1つ分多くなりました。

　それからクラス全員をまきこんで、けんか腰の大討論になってしまいました。"教科書派"は、「教科書でも日記帳でも、ひとつ分って数えていいでしょ。」と考えていたのです。

　この時の「日記帳のけんか」は、後々まで子どもの記憶に残る大論争となり、子どもたちの脳裏（のうり）に「共通のもので測る」ことが深く刻まれたようでした。

　ここが**長さのポイント**です。比べて測定する時、「もとになるものが共通でなければならない」からです。世界各国でもかつていろいろな長さの単位（フィート、尺（しゃく）など）が使われていました。それでは比べられないので、世界共通の単位「メートル」が生まれたのです。（1メートルは、地球の極点から赤道までの長さの1000万分の1。1メートルの100分の1が1センチ）。

メートル法になるまで

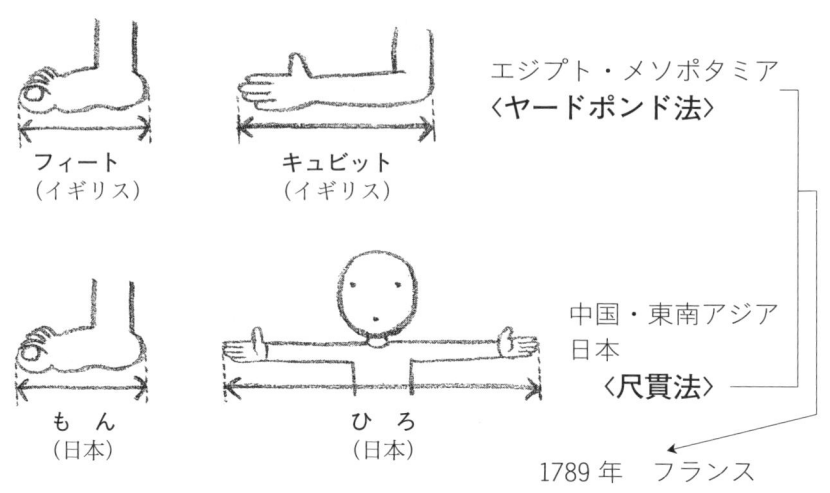

フィート（イギリス）
キュビット（イギリス）
エジプト・メソポタミア
〈ヤードポンド法〉

もん（日本）
ひろ（日本）
中国・東南アジア　日本
〈尺貫法〉

1789年　フランス
「いかなる国でも採用できるところの新単位系」設立
1795年　メートル原器誕生！

教室の中で一番長いものはなあに？

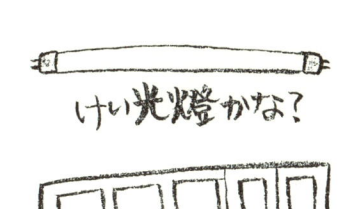

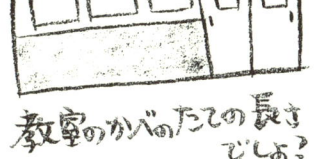

けい光燈かな？

黒板だよ。

教室のかべのたての長さでしょ？

教室のかべの横の長さだ！

どれくらい長いか、調べよう！

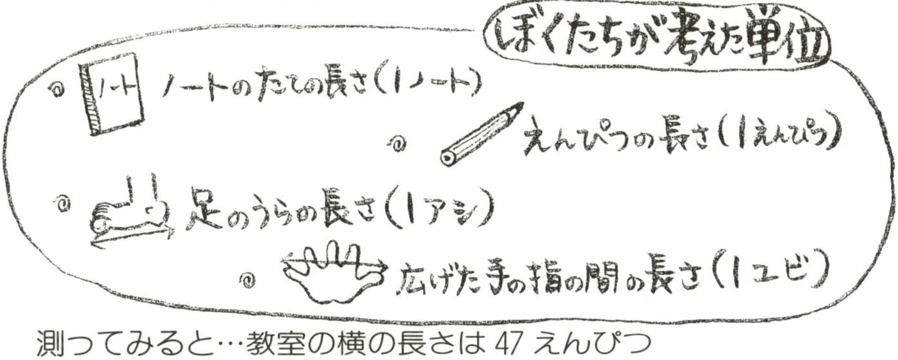

ぼくたちが考えた単位
- ノートのたての長さ（1ノート）
- えんぴつの長さ（1えんぴつ）
- 足のうらの長さ（1アシ）
- 広げた手の指の間の長さ（1ユビ）

測ってみると…教室の横の長さは 47 えんぴつ
　　　　　　　たての長さは 35 アシ

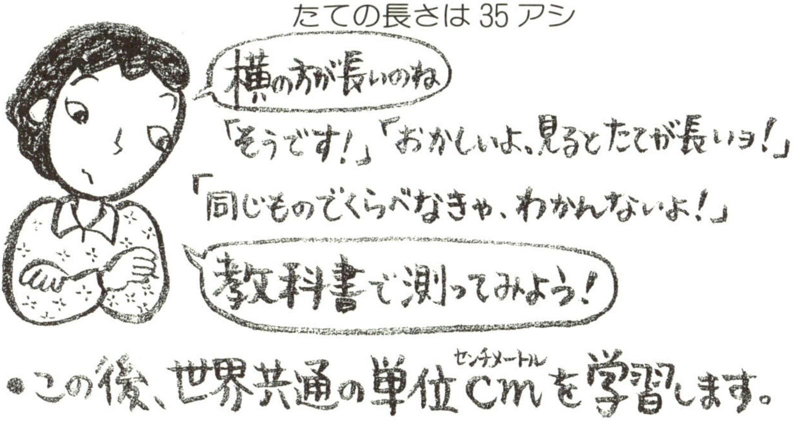

横の方が長いのね

「そうです！」「おかしいよ、見るとたてが長いョ！」
「同じものでくらべなきゃ、わかんないよ！」
「教科書で測ってみよう！」

・この後、世界共通の単位 cm（センチメートル）を学習します。

8 「長さ」を探検しよう

夏休み！ 遊びながら算数しよう―2年生編

遊びの数学は、世界各地で昔から行われていました。今はいろいろな本で紹介されていますが、ここでは3つ紹介します。

♣魔方陣♥

中国の伝説から始る"魔方陣"は、子どもたちが大好きな"遊びの算数"です。教科書にも載っていますが、ここでは作り方を紹介しましょう。

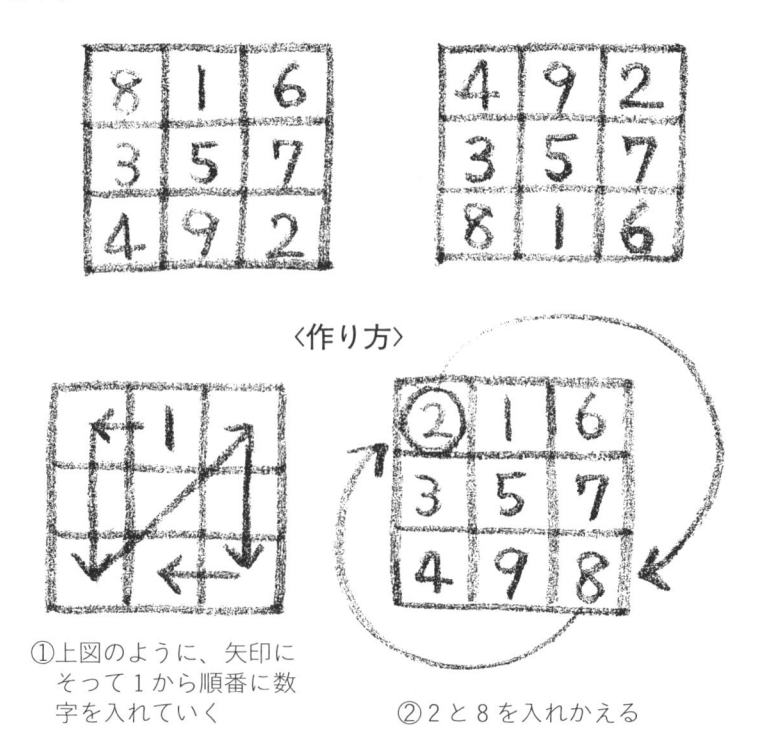

〈作り方〉

①上図のように、矢印にそって1から順番に数字を入れていく

②2と8を入れかえる

♣ ケーニヒスベルクの橋と一筆書き♥

　一筆書きをしたことがありますか。子どもたちはお絵かきが大好きです。実はこの一筆書きには法則があるのです。

　昔、ケーニヒスベルクという町に7つの橋がかかっていました。「この橋を全部ただ1度だけわたって町を1周することができないだろうか。」という問題に、オイラーという数学者が「できない。」と結論を出しました。その根拠が数学の考え方なのです。「ある図形が一筆書き『できるか、できないか』」判定する考え方とは…。

① 図形の中の点、つまり線が交差しているところを調べます。それぞれ、何本の線が交差しているでしょう。
② 2本・4本など偶数の線が交差している点に○印を、3本・5本など奇数の線が交差している点に△印をつけてみましょう。
③ その図形に奇数の点（△印）が無い時、つまり偶数の点（○印）しかない時は、一筆書きができます。
④ 奇数の点（△）が1つか2つの図形の場合、その点（△）から出発するか、終わりにすれば一筆書きができます。

一筆書きができる形

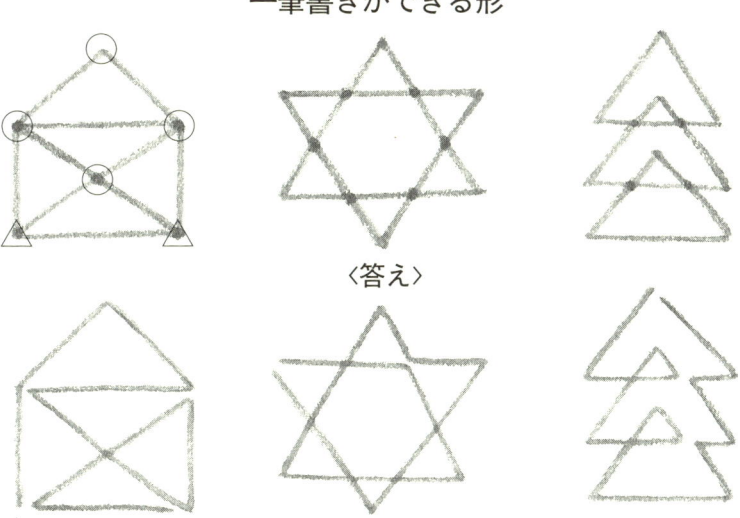

〈答え〉

↑スタート

♣ハノイの塔♥

　今から100年程前フランスのリュカという人が考え出したゲームです。パソコンなどのソフトにもたくさんあるのでやってみましょう。
　左の棒に入っている、下から大・中・小3つのこまを、右の棒に移動して下さい。
＜ルール＞
①こまは、1つずつしか動かせません。
②こまの置き方は、必ず大きなこまの上にそれより小さなこまをのせること。

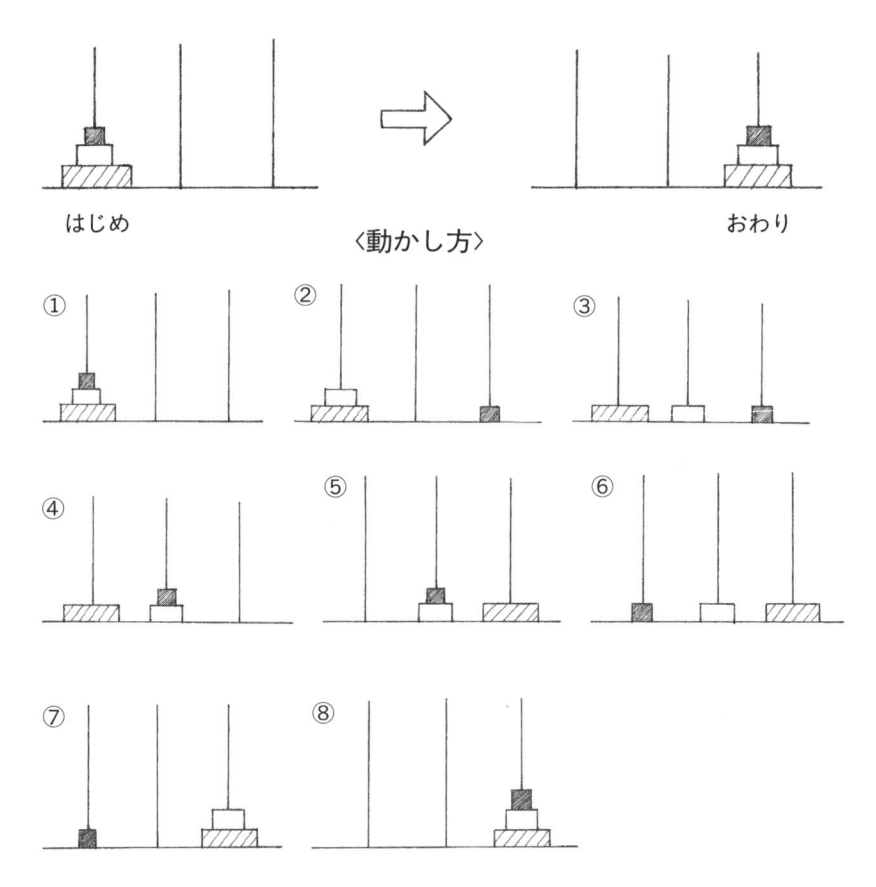

はじめ　　　　　　　〈動かし方〉　　　　　　　おわり

①　　　　　　②　　　　　　③

④　　　　　　⑤　　　　　　⑥

⑦　　　　　　⑧

第3章
3年生の算数

9 「3ケタのひき算」ってむずかしい!?

　302－129の答えは、83です。どうしてかというと、1の位の2から9はひけない。10の位からもらいたいけどもらえないから、100の位からもらう。次は、10の位の0から2はひけないのでもう一度100の位からもらわなきゃいけない。100の位は2回もらったからあと1しか残っていないので、1をひくとなくなる。つまり83。これはどうしてまちがっているの？

　この子どもは、「ひけないときは、隣からくり下げてくる」ということが、よくわかっているようですね。その点が理解できていない子どもは、「302－129＝227」のような間違いをします。これは、どんな時も「数の大きいものから小さいものをひく」と考えている誤りです。「2から9をひく」というイメージがわかないので、「9－2」にしてしまうのです。
　答えを「83」とした子の間違いは、「2回くり下げたから、100の位から2つひかなければ」と考えてしまった点です。この計算の難しさは、くり下がったものからさらにくり下がるという点です（300－7などもも同じです）。2から9はひけないので、10の位からくり下げた

いところですがここも0。100の位から10の位に10くり下がり、そこから連動して「10の位に9を残して」1の位に10くり下げて、ようやく1の位の計算ができます。この「9を残してくる」ことを、量としてイメージできているかどうかが重要です。ただ単に「9置く」ということだけが頭にあると、何でも9にしてしまう子もいます。例えば、「342−168」では次のようになります。

10の位の4を消して9を置き、「9−6＝3」と10の位の答えを3にしてしまうのです。大切なのは、量のイメージです。子どもた

$$\begin{array}{r} \overset{2\ 9}{3\cancel{4}2} \\ -1\ 6\ 8 \\ \hline 1\ 3\ 4 \end{array}$$

ちは、何度も段階を踏むうちに、どこからくり下がってきたのかわからなくなったり、10の位の0を「なにもないこと」だと勘違いしたり…、つまずいたり、混乱したり、最も難しいところなのです。

「ひけない時は、隣の位から10をもらってくる」ことは、2年生の2ケタの計算（53−29など）で学習ずみです。でも、方法だけが頭に残っていて、量のイメージが身に付いていないようです。96ページの「302−129」の場合、「100から90をもらって10の位に置き、1の位に置いた10から9をひいて1、2と1をたして3」という作業をします。これを、数字としてだけでなく、量として「90置いてくる」ことが理解できないといけませんね。

では、子どもたちが、この難関「302−129」をどのように学んだのか、その様子を紹介しましょう。

その前に「借りてくる」ということについて。お父さん・お母さんが家で「くり下がり」を教えるときに、「100の位から借りてくる」などと表現することが少なくないと思います。でも、子どもたちは「借りたものは返さないといけない。」と主張します。だから私のクラスでは「変身して、もらう」と言っているのです。そんな言葉一つにも、子どもたちはこだわります。

1．2回のくり上がりとくり下がり

「302－129」の学習に入る前に、2回のくり上がりとくり下がりをしっかり身につけるようにします。

①「247＋485」のように、1の位から10の位へ、さらに10の位から100の位へと2回くり上がるたし算を筆算で練習します。

（1回だけのくり上がりは、すでに2ケタの計算でしっかりと理解していることが前提です。）

　1の位の7と5をたすと12。10の位の4と8とくり上がった1をたすと、13。10の位に3を残して、100の位の2と4とくり上がった1をたして、7。答えは、732。

```
  1 1
  2 4 7
＋ 4 8 5
───────
  7 3 2
```

②「431－153」のように、10の位からも100の位からも2回くり下がるひき算を、しっかり勉強します。

　子どもたちから出された答えは、「388」「288」「278」などがありました。「くり下がったことで、一つ減っている」ことを忘れて、10の位が8になったり100の位が3になったりするのですね。でもこの子たちも、タイルを使って「変身して、ひく」作業を実際に見せると、納得できました。

```
    3 2
    4̸ 3̸ 1
　− 1 5 3
───────
    2 7 8
```

　先生が解き方を一方的に教え込むのではなく、くり下がりの意味とやり方を身につけさせたいと思い、子どもたち自身に考えさせながら、取り組みました。数字だけで話し合っている時は、わかる子どもたちだけの討論になってしまいます。わからない子どもは置き去りになるのです。しかし、タイルを使って目に見える説明すると、理解できなかった子どもたちも「それはおかしい。」「○○君の説明でよくわかった。」と自分の考えを整理でき、納得できるのです。

2.「302−129」の学習へ

③最後の難関、「302−129」の学習です。

私の教室では、次のような順序で取り組みました。

まず、第一段階。画用紙を使って考えました。画用紙は1束(たば)100まい入りなので、「302は3束とバラ2まい」、「129は、1束とバラが29まい」になります。子どもたちに、実際に302まいの画用紙から129まいの画用紙をとってもらい、残りのまい数を求めます。具体物で計算の目安を付けるための作業ですから、この段階では129をひくときに、大きい束から取ろうが、どこからひこうが問わないことにします（筆算では必ず1の位から計算していきますが）。

次に、第2段階はタイルを使って計算します（あとで出てくる、雄二君のタイル算）。教師用の大きなタイル（41ページで紹介した、100のじいさんタイル・10のタイロンさん・5のごうちゃん・1のチビタくん）を黒板に貼り、子どもたちに計算してもらます。タイルを使う段階では、筆算を使った計算へとつなげていくので、必ず1の位から順番にタイルをとっていきます。

第3段階として、いよいよ筆算に入りました。

子どもたちからは、次の計算方法と答えが出されました。

9 「3ケタのひき算」ってむずかしい!?

①香式…2人　　　②里香式…2人　　　③真式…8人
　　302　　　　　　　302　　　　　　　302
　－129　　　　　　－129　　　　　　－129
　　 83　　　　　　　163　　　　　　　183

④夏子式…8人　　　⑤　？　11人
　　²3⁹0̸2
　－129
　　173

　いつものように「なぜ自分はそう考えたのか」を説明し、他の子は疑問点を質問します。
　①の香さんの説明を聞きましょう。
「2から9はひけないので、100の位からもらって計算して1の位は3。10の位もひけないから、100の位からもらって計算して8にしました。100の位は2回くり下げているので1になったから、1－1で0になったよ」
　②の里香さんへの質問が出ます。
「里香さん。どうして10の位が6になったの？」
「うっかり間違えちゃった。9－2は7。だから、夏子式に変える。」
　③の真君は、「まず1の位は、100の位からもらって計算すると3。10の位は0から2がひけないので、100の位からもらってきてひき算をしました。すると10の位が8になります。」
　真君の話を聞きながら何人かが、「変だよ。」と言い出しました。勉君が「真君のはよくわかんないからもう一度説明して。」と質問。でも、別の子は、
「ぼくは真君のでいいと思う。夏子さんのは、どこから『9』がきたのかわからない。」
　香さんの方式にも、意見が出ました。
「香さんのは、2回も100のじいさんタイルからもらっているので違

うと思うけど…。」
　でも、香さんは質問されても答えません。自分では「この解き方で良い。」と思っているようです。
　先取り学習をしている夏子さん式の子たちは、なかなかみんなを納得させるようには説明できません。子どもたちにとっては、「9」がとっても不思議なのです。すっきりしないまま2時間目終わりのチャイムが鳴りました。

3. ぼく、わかったよ－イラツキ雄二君の発見

　休み時間になって、黒板の前に雄二君がやってきました。雄二君はいつも朝からイライラして、罵声（ばせい）や暴力でものごとを解決しようとしたり、授業中も「やりたくねえ。めんどくせえ。」と先頭にたって騒ぐ子でした。そんな彼が、今日は突然、黒板の前にやってきたのです。
「先生、タイル貸して。タイルでやってみる。」
と言ってきた雄二君。自分で教師用の大きい100のタイル3まいと1のタイル2こを位ごとにくぎった部屋に入れました。タイルをおいて、独り言を言いながら考えています。
「2こから9こ とれないから隣へ行って、隣が0だから100の位に行って1まいのじいさんタイル（100タイルのあだ名）をタイロンさん（10のタイル）にくずして、1ぽんを変身してチビタくん（1のタイル）にするから、9ほんが10の部屋に残るんだ！」
　雄二君が、大声で叫びました。
「先生、オレ、真式だったけど夏子式があってると思うから変わる。次の時間も算数やろうよ。そして、一番にぼくを指してね。発言するからね。」
と目をキラキラさせながら言いに来ました。
　ほかの子たちも休み時間そっちのけで、何人かずつかたまっては、黒板の前で「ああでもない、こうでもない。」と考え合っています。
　3時間目始業のチャイムと共に再び算数が始まりました。休み時間

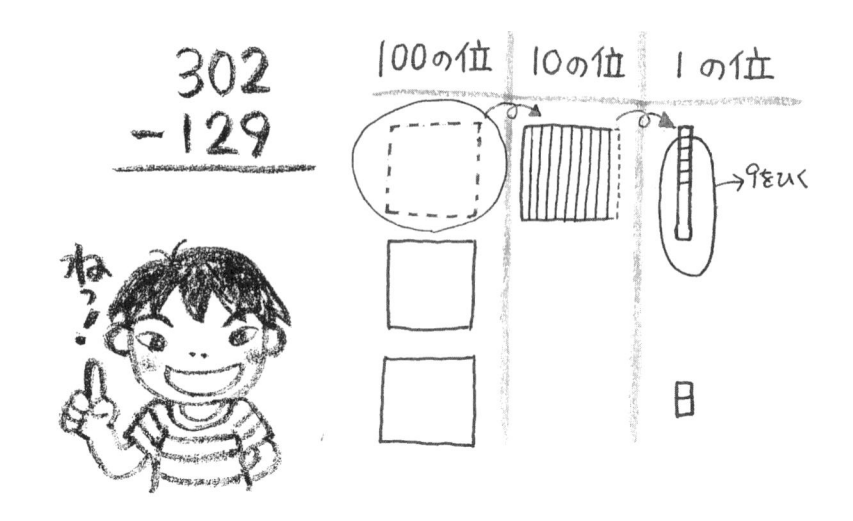

が終わってもふだんは外からなかなか帰ってこない子が多いので、こんなふうにすぐに授業にそろっていることはありませんでした。子どもたちの問題を解き明かしたいというやる気が伝わってくるようです。

　３時間目は雄二君の発言から始まりました。雄二君はタイルで説明しながら、「だからぼくは、夏子式に変える！」と。雄二君の説明のうまさに、夏子式に意見を変える子が出はじめました。意見を変えるたびにその理由を説明するので、ほかの子たちは何度も復習しているかのように、理解が深まっていったようです。そうして、ほとんど全員が夏子式に変わっても、香さんは意見を変えません。
　雄二君が、香さんが何を間違えたのか、またタイルを使って説明し始めました。
「香さんは100のじいさんタイルから2回もらおうとしたから違うんだよ。チビタくんは隣のタイロンさんを変身してもらうんだよ。」
　そこには"イライラ・むかつきの雄二君"の姿はありません。
　続いて何人かの子が、同じように「どこで間違えたのか。」を説明したので、香さんもようやく納得して自分の意見を変えてその理由を説明しました。香さんや真君が何を間違えたのか、夏子式の中にある

「9」がどこからきたのか、みんながこの討論を通してはっきりとイメージでつかむことができたのです。

この計算のポイントは、10の位の0の上になぜ9の補助数字を書くかという事です。でも、「それが納得できない・理解できない。」という子が多いのです。頭の中だけで考えたり、「そういうことになっている。」として暗記するのではなく、雄二君がやったように実際にタイルを置いてやってみると良く理解できますし、納得したことは子どもの大切な財産になっていくのです。

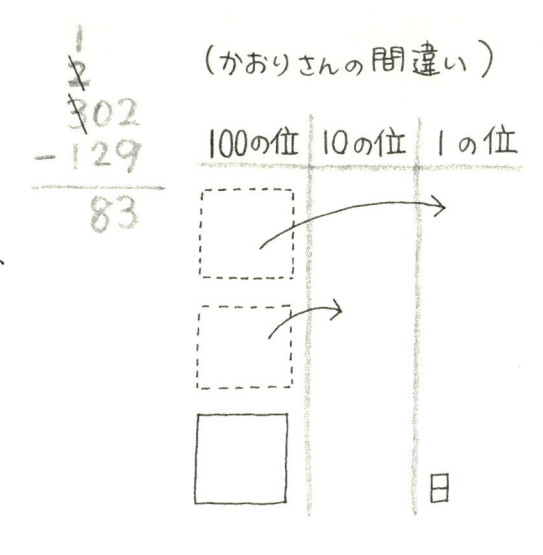

みんながなにやらすっきりした表情です。
「みんな頑張ったから、今日は授業の感想だけ書いて、もう終わりにしよう。」とご褒美（ほうび）つもりで提案すると、
「先生、教科書の問題もやりたいよ！」
そして、全員が間違えることなく、驚いたことには、「算数の計算なんてきらい。」という子も、みんながやりあげてしまったのです。
子どもたちは、自分たちで問題を解き明かした事にとても満足しているようでした。だれ一人「先生に教えてもらった。」とは思っていないのです。「自分たちでやり方を見つけた。」と思っていたのですから。子どもたちが自分たちの力で学習の山場を乗り越えた時、必ずドラマは生まれるのです。

ここでひとこと。問題を次々にこなしていく教え方もありますが、あまり賛成できません。というのは、子どもが本当は良く理解できていないのに次々と違うレベルの問題をこなしていくと、どこでわからなくなったのか、自分でもわからなくなります。「その解き方は聞いたよ。」というものの、どんな計算のときに使うのか混乱することもあります。なにより、子どもは計算機ではありません。算数の世界の魅力を存分に味わわせて、算数の力からも学び生きる力を身につけてほしいものです。

■間違えても安心だから、自信がついていくんだよ

　みんなで意見を出し合いながら一緒に考えていく学習—それは、安心して間違えることができる仲間の中でこそ成立します。素朴な疑問、自分とは違う考え方と出合わず、議論することもなく、ただ『正しい解き方と答え』だけを覚える—それでは子どもは"暗記ロボット"になってしまいます。

　違う意見を通して自分の考えを整理し、相手の意見についても「どこがなぜ、正しいと思うのか、間違っていると思うのか。」を考えてみる。「これからの時代は、習熟度別のクラス編成（つまり成績でクラス分けする）。」「自宅でパソコン学習。」などと言われています。でも、算数の得意な子もそうでない子もみんなで考え合うことができる—学校で学ぶ楽しさも、意味も、ここにあるのではないでしょうか。こうした学習の時、子どもたちは本当の学びの主人公になるのだ、と思います。

　「きょうは、まちがえたけど、やすみじかんに　たいるでおいてやったから　よくわかった。」

　練習問題などやったことのない雄二君が、初めて書いた授業の感想です。いつもイライラしていた雄二君は、「2回のくり下がりは、得

意なんだ。」とばかり、はりきってやりだしました。

「きょう、みんなとべんきょうして　まちがえてしまった。でも、がんばった。せんせいが「こたえがちがうから　みんなかしこくなるんだよ。」っていいました。ずっとやっていてよかったとおもったし、あんしんしてできてよかった。
　わたしは、みんなとやったからわかった。ゆうじくんが、タイルをおいてくれてよくわかった。さいしょはわからなくても、だんだんわかってきてよかった。」

これは、香さんが書いた感想です。
「あれ以来、香さんはレストランに行くにもどこへ行くにも"どろぼうがっこうドリル"（手作りの計算問題集）を持っていくんです。よほどうれしかったのですね。」
　香さんのお母さんは、娘の頑張りに目を細めながら、保護者懇談会の時にこう話されました。この３ケタ計算学習のあとの懇談会は、いつもよりもたくさんの方が参加されました。雄二君のお母さんも香さんのお母さんもみ～んな集まったのです。我が子の頑張った姿が、お母さんたちの足を懇談会に運ばせたのでしょうね。

4．３ケタ計算の特別な意味

　ところで、３ケタの計算には、単に大きなケタを計算するというだけにとどまらない、大切な意味があります。例えば、「247＋485」や「431－153」では「２回くり上がる・２回くり下がる」パターン、「302－129」では「100の位から１の位へくり下がる」パターンなどの、基本的な計算のパターンが含まれているのです。
　３ケタの計算の仕組みが理解できると、あとは５ケタ・６ケタ……と、どんなにケタ数が多くなっても同じ仕組みになっていることを見通すことができるので、ぜひじっくり学びたいところです。

10 「わり算」
—同じ数ずつに分けるだけじゃダメ

> 32グラムの針金を同じずつ4本に分けて切りました。これはわり算にはならないの？

1. わり算の3つの意味

上の疑問への答えは、次ページをご覧ください。
子どもたちが混乱する**わり算**には、次の3つの意味があります。

❶ 1あたり量を求めるわり算

　キャラメルが12こあります。4人に同じ数ずつ分けると1人分は何こになるでしょう。

❷ いくつ分を求めるわり算

　キャラメルが12こあります。1人に4こずつくばると、何人に分けられるでしょう。

❸ 倍を求めるわり算

　比較量÷基本量＝倍

　（12÷4＝3では、12は4の3倍という意味）

3年生の教科書では❶と❷の意味の違うわり算が同時に出てきます。❷の問題だと、キャラメルを「1人に4こずつ」という「1あたり量」が先に与えられていることになりますが、子どもたちは文章問題を読んでも、何を求めるのかわからなくなって混乱してしまうのです。
　私は、❶の「1あたり量を求めるわり算」をまずしっかりと学習し、あまりのあるわり算まで全部済ませてから、次に❷の「いくつ分を求めるわり算」学習に入ります。すると、子どもたちは2つのわり算をすんなりと受け入れていくのです。（❸の「倍を求めるわり算」は、4年生で学習します。）

2．1あたり量を求めるわり算って……

　まずはじめに、「わり算とは、どんな計算なのか」を子どもたちと考えてみましょう。小学校高学年に「わり算って、何でしょう？」と聞くと、だいたい次のような答えが返って来ます。
「同じずつ分ける計算」
「かけ算の反対の計算」
　では、本当に「同じずつ分けること」なのでしょうか？
　それを確かめるために、子どもたちに次の問題を解いてもらいます。

　32グラムの針金を4等分すると1つ分は何グラムですか。

「そんなの簡単だよ。32÷4で8グラム！」
「ほんとうに8グラム？　実験しましょう。32÷4だから、これはわり算です。ところでみんなさっきは、『わり算とは同じずつ分けること』って言ってたよね。」
といいながら、秤（はかり）の上に針金を乗せます。32グラムのところで針は止まりました。次に、「みんなの言うとおりにするよ。」と、針金を秤（はかり）に乗せたまま4等分します。
　さて、秤（はかり）の針はどうなったでしょう？　やはり、針は32グラムで

止まったままです。計算を間違えたのでしょうか？　32グラム÷4つ＝8グラムで答えは8グラム、合っているようです。変ですね。なぜこんなことになるのでしょう？

　わり算は、等分するだけでは駄目なのです。そこから1つ分を取り出すこと、「同じに分けて1つ分を出す」のがわり算なのです。上の例で考えると、32グラムの針金を4等分して、そのうちの一つを取り出す（＝8グラム）──これがわり算です。もう少し厳密にいうと「1にあたる量を求める」のがわり算です。

　（だから、0.2など1より小さい数でわると、わられる数よりも答えの方が大きくなるのですね。小数計算は、5年生で学びます。）

　この後、タイルとカップを使って、「同じに分けて、1あたり量を求めるのがわり算」であることを再確認します。
＜12÷4の時＞

この段階では、九九を使ってわり切れるわり算を、学習します。（九九の不十分な子どもたちは、九九手帳（172ページ）を使います。）
　わり算というと「同じに分ける」ということだけが頭に残ってしまう子どもたち。初めに述べたように、わり算には3つの意味があります。どれもこれも同じわり算として一緒に教えるような教え方も、混乱の原因の一つと言えるでしょう。

3．あまりの出るわり算—子どもたちの考え

❶「1あたり量を求めるわり算」の第2段階として、あまりの出るわり算＝「42÷9」の解き方を、子どもたちに考えてもらいます。これは筆算につなげるためです。子どもたちは、タイルを使って確かめたりしながら知恵を絞(しぼ)り、次の7通りの方法を考え出しました。

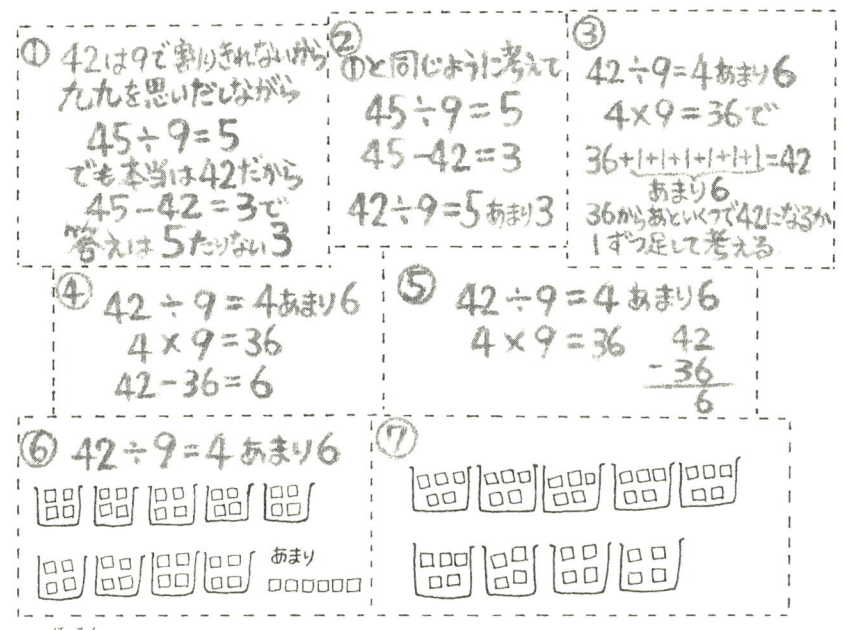

①　42は9で割りきれないから
　　九九を思いだしながら
　　　45÷9＝5
　　でも本当は42だから
　　　45－42＝3で
　　　答えは5たりない3

②　①と同じように考えて
　　　45÷9＝5
　　　45－42＝3
　　　42÷9＝5あまり3

③　42÷9＝4あまり6
　　　4×9＝36で
　　　36＋1＋1＋1＋1＋1＋1＝42
　　　　　　　　　　　あまり6
　　36からあとにくつで42になるか
　　1ずつ足して考える

④　42÷9＝4あまり6
　　　4×9＝36
　　　42－36＝6

⑤　42÷9＝4あまり6
　　　4×9＝36　　42
　　　　　　　　－36
　　　　　　　　　　6

⑥　42÷9＝4あまり6
　　（タイル図　あまり）

⑦　（タイル図）

（補足(ほそく)説明。⑤は、④と同じですが、ひき算を筆算で計算する。⑥42このタイルを、トランプを9人でやる時のようにして配り、あまりを出す。⑦やはりタイルを配りますが、5つずつ入れたカップと4

つずつ入れたカップができ、答えが出ません。）
　7種類の意見が出たところで、「どれが正しいのか」みんなで意見を出し合いました。
　まず、「⑦は同じずつ分けていないから、わり算じゃない。」という意見をみんなで考えてみました。同じようにタイルで考えた⑥と⑦ですが、「⑦はカップに入っている数が違うので、わり算じゃない。」というのです。みんなこれに納得しました。
　次に、「答えが『4こあまり6こ』は、タイルで確かめたから正しいはずだよ。」という意見から、答えをまずみんなで確認しました。
　その後、②の「5あまり3」がなぜ間違いなのかを考えてみました。
「答えの5は、9×5から出てくるんだろうけど、5こ配れないのだから間違っていると思う。」
「5あまり3は、5たりない3の間違いだ。」
という意見でこの意見の間違いに気づきました。
　そろそろ絞（しぼ）られてきました。そこで、
「4あまり6が正解なんだけど、やり方が③④⑤と3つあるよ。どっちがわかりやすいかな？」
という質問に子どもたちは、
「③は、9×4＝36から1ずつたしていって42になるまで数えていくんだけど、めんどうだよ。」
「⑤の9×4＝36の36と42を筆算でひいてあまり6を出した方が、わかりやすい。」
　ついに⑤の考え方が一番わかりやすいことにみんな納得したのです。

　この授業の後、わり算のやり方を塾で先取り勉強していた有希さんは、こんな感想を書きました。

　「私は、じゅくでわりざんのひっさんは習って知っていたよ。でも、みんなでかんがえたからよくわかった。ひっさんて、いみがあるんだね。）のしるしをかんがえた人間て、すごいなあとおもいま

した。」

　有希さんが「すごい」と思った、わり算の筆算形式が、2002年の3年生の教科書からなくなりました。「筆算は4年生」からで、3年生では筆算を使わずに、あまりのあるわり算もするのです。本当にこれでいいのか疑問です。「筆算を使わないで、あまりを出す」ということは、たとえば、42÷9では、9の段を唱えて9×4＝36の4を見つけ、次に42－36を計算して、あまりを出します。これらを全て暗算でするのです。このことが、算数嫌いの一つの原因にならなければ良いのですが…。
　教科書から筆算が消えても、子どもが理解しやすいことがはっきりしている時は、やはり教えた方がいいと思います。

4. いくつ分を求めるわり算は「まとめ配り」だ

　12このキャラメルを4こずつ配ります。何人に配れますか？

という問題を子どもたちと考えてみました。

　この場合も、上図のようにタイルを使って、実際に4こずつカップに入れていきながら考えることにしました。
　子どもたちは先に勉強した「1あたり量を求めるわり算」でのタイ

ルの配り方を「**トランプ配り**」、今度の「いくつ分を求めるわり算」でのタイルの配り方を「**1つ分まとめ配り**」と呼んでいます（111ページ図の計算では、4こずつまとめてカップに配っていくからです）。

　このように演算の意味をイメージとしてつかむ言葉にすることは、とても大切ですね。「いくつ分を求めるわり算」は、「1あたり量を求めるわり算」をしっかりと学習した後だったので、冒頭の実験をしてみんなで考え合うと、わりとすんなりと納得できたようです。

　この後子どもたちは、教科書やドリルの文章題を読みながら「これは『トランプ配り算』だ。」（1あたり量を求めるんだな）、「こっちは『まとめ配り算』だ。」（いくつ分を求めるだな）と言いながら、具体的に問題の場面をイメージして考えることができるようになりました。難しいものほど、高度な問題ほど、子どもたちが具体的なイメージを作れるように、教えていきたいですね。

5. 43÷8の答えは、3でしょ??

　私がここで紹介したような学習方法にしたのは、理由があります。

「問題です。『リンゴが43こあります。私の家族は8人。1人あたりリンゴは何こになるでしょう？』」
「答えは、3こです。」
「えっ、なんで???」──大学を卒業して1年目、3年生を担任した新米教師の私は、子どもの答えを聞いてビックリしました。

　ここにいたるまでに、一生懸命にわり算の意味を力説し、タイル図と数字を対応させ、おもむろに筆算を教えた私。「さあ！」と張り切ってテストをしてみると、上記のような答えを出す子どもが何人もいたのです。計算はできているのに、いったいどうしたというのでしょう。私はかなりあせりました。

　この問題の、式と筆算を確認しましょう。

　　43こ÷8人＝5こ…3こ　　　　　答え　<u>　3こ　</u>

```
      5
8 ) 4 3
    4 0
    ───
     3
```

　正解は、「5こあまり3こ」ですね。子どもたちの式もやはりこうなっていたのです。なのにどうしてこんな間違いをしたのでしょうか。
　そんな疑問を解いてくれたのは、やはり子どもたちでした。
　ある日薫さんが、困ったような顔をしながら私のところへ来て言いました。
「先生、答えは3でしょ。だって、ひき算もたし算もたて（筆算）計算では、答えは下に来るもの。」
　なるほど！「目からうろこ」とはこのことです。今まで学習してきた筆算（たし算・ひき算・かけ算）では、答えが必ず下にあるのです。だから子どもたちは、「わり算の筆算でも、答えは下にある。」と思ったのですね。
　子どもたちのおかげで、私は「わり算をどう教えるか」のきっかけをつかむことができたのです。
　算数教育の大切な問題点が、薫さんたちの疑問には含まれているようです。「計算ができる。」「式も立てられる。」でも、答えが違う。「なぜ、そういう式にする必要があるのか。」「なぜ、筆算で計算するのか。」など、そもそもの意味をきちんと考え、理解する必要があります。

11 「液量（かさ）」
溶ける＝消えてなくなる？？

「カルピス1デシリットルと水3デシリットルを混ぜると、何デシリットル？」。答えは3デシリットル。だって、カルピスは水と混ぜると消えるでしょ。

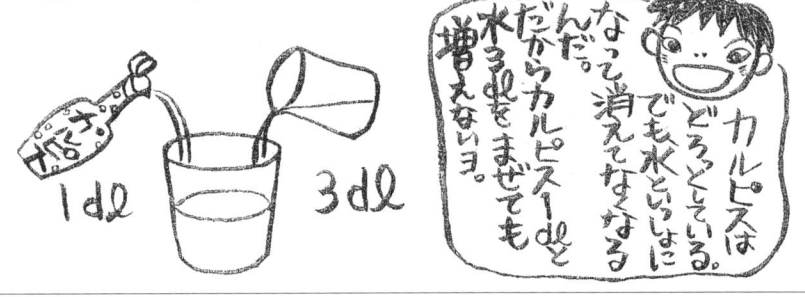

> カルピスはどろっとしている。でも水といっしょになって消えなくなるんだ。だからカルピス1dlと水3dlをまぜても増えないヨ。

勇人君のこの疑問に、答えられますか？（子どもたちの討論の様子は119ページで紹介します）。

液量（かさ）については、「リットル、デシリットル、ミリリットル…と、単位がいろいろで、覚えられなかったよ。」と、苦い思い出のある方も少なくないでしょう。実際、混乱して嫌になる子どもが多いのです。

でも、ちょっと待ってください。液量は「1リットルの牛乳パック」「缶ジュースは、350シーシーに500ミリリットル…」などなど、子どもたちも普段の生活でよく使う単位です。嫌いになるのは、もったいない。そこで、液量の学習では、「実際に量りとってみる」ことを大切にして学習しています。

1. かさかさかさの秘密
だれが一番たくさん水を飲んだのか

　とは言うものの、いくら私が「かさは、みんなの生活に身近だよ。」と思っても、子どもたちがなかなかやる気にならず悩んでいた、あるうだるように暑い夏の日のことです。
「今日、オレいっぱい水を飲んじゃった。」
と休み時間が終わると、勇人君が教室に飛び込んできました。汗びっしょりです。この言葉を聞いてひらめきました。
「これだ。『かさかさかさのひみつ、だれが一番水を飲んだのか』というタイトルで、液量の授業をしよう。」と。
　教科書のように、二つの水筒やビンをただ比べるというだけでなく、子どもたちがどうしても解き明かしたくなるような問題。それは、学習の動機としてはとても重要です。そこで、
「このクラスの中で、だれが一番"水やジュース"を飲むのかしらね。」
という問いから授業を始めました。子どもたちはすぐのってきて、
「決まっているよ、オレだよ。いっぱい水やジュース飲むもん。」
「ちがうよ。お茶よく飲むから先生だよ。」
と言いながら予想を出し合いましたが、
「でも、どうやって調べてくるの？」
「コップを決めてそれでいろんなものを飲んで記録すればいい。」
ということで、子どもたちが家に帰ってから翌日の算数の時間までに「コップで何杯飲んだのか」を調べることにしました。
　さて、待ちに待った算数の時間です。
「オレが21杯で一番だな。」
と、得意げな勇人君に
「残念でした。恵津子先生は84杯です。今日は先生が1番です。」
と言うと、子どもたちは「え〜っ！　84杯！　ウソだよ。」と大騒ぎです。

「じゃあ、先生のコップ見せてよ。」
と言うので、見せてあげました。おもむろに取り出したのはコーヒーに添える小さなミルク入れ。子どもたちは一斉にさけびます。
「先生のコップ、小さくてずるい！」
　でも、コップの大きさを決めていないのですから、ずるいことでもなんでもありません。
「長さ比べの時、同じ物で比べるってやったけど、先生のは小さくて、ぼくのは大きいコップだから比べられないよ。」
「84杯って先生は言うけど、コップが小さいから多いだけで、みんなと比べられないよ。」

　子どもたちは口々に比べられない理由を言いました。
　こうして、何かを比べる時は、同じ物を使わないとはかって比べられないことを子どもたちは理解したのです。比べるもとになる基準、それがここではリットルやデシリットルなのです。
「こまったね。比べるのにどのコップにしようか。」
と言うと、
「長さみたいに、いろんな国で同じなのはないの？」
という子がでてきました。そこで、共通単位を教えたのです。
　さて、こうして比べてみると、子どもたちは平均して1日2、3リットルぐらいの水分をとっていることがわかりました。

　「今日の授業は、とても時間が早かった。水を飲むのがどれくらい

かってことも、ちゃんとわかるんだね。ぼくは、22デシリットル飲んだよ。」

　授業の後、良君が書いた感想です。実はこの授業、午前中プールに入った後の5時間目だったのです。みなさんもまだ記憶に新しいと思いますが、プールの後の授業ほど眠くて集中できないものはありません。でもこの日は、「時間が短い」と感じるほど、子どもたちも一生懸命だったのです。内容がおもしろくて、解き明かしたい課題に興味があれば、子どもたちは眠気を吹き飛ばし、身を乗り出して学習し始めるものなのですね。

2．デシリットルとミリリットルを実感したよ

　"かさかさかさの秘密"で、子どもたちは「かさを比べるときには、比べるもとになる基準が必要だ。」「その基準は、リットルとデシリットル。」だと気づきました。
　私の授業では、リットルとデシリットルをもっとしっかりと身につけるために、第2段階として次のような実験をしました。
　まず、細いビンや太いビン、水筒ややかん、バケツやたらいをはじめ、形や大きさ・材質の違ういろいろな容れ物を教室に持ってきます。「形がまっすぐだからたくさん入る。」「水筒だからたくさん入るよ。」など、子どもたちはいろんな根拠で考えていますから、できるだけいろんな種類の容れ物を実際に量って調べて見ることが大切です。子どもたちは、実際にその目で確かめないと、納得しません。
　こうしてリットルやミリリットルを学習します。でも、デシリットルについては、現在日常生活では使われていない単位なので、理解するのは少し難しいようです。大切なことは、「いくつ分で1リットルになるでしょう？」と、予想を立ててから実際に量って調べてみることです。その時、リットルやミリリットルも一緒に調べてみると、それぞれの関係や実際の量がとてもよくわかります。

ところで、液量の普遍単位（世界共通）リットルは、どうやって生まれたのでしょう。実は、長さの単位をもとにして作られているのです。「一辺が 10 センチメートルの立方体のかさを 1 リットル」としているのです。それまで、例えば日本では尺貫法（しゃっかんほう）の「升（しょう）、合（ごう）」（今でも米や酒に残っています）、イギリスなどではヤードポンド法の「ガロン」等、文化圏によって液量の単位が違っていたのですから、比べるのは大変です。それらを共通の単位にするために、普遍単位が生まれました。

　（2002 年からこの液量の学習は、2 年生から 3 年生での学習になりました。リットルを中心にして、デシリットルやミリリットルも簡単に学びます。）

　本当は液量って、このように実感しやすく、ご家庭でも手軽に実験できる学習なのです。ご家庭に計量カップなどがありましたら、ジュースのペットボトル、アルミ缶、ビールビン、やかんなどを使って、ぜひお子さんと一緒に量ってみてください。近頃は実に様々な形や大きさのペットボトルや缶がありますから、実験材料に事欠（ことか）きません。

3．冷蔵庫にも、リットルって書いてあるよ

　ここまで学習してから、あらためて子どもたちと一緒に、"かさのたんけん"をしました。自分たちの生活の中で、どういうふうに液量の単位が使われているか、実際に調べてみたのです。

　ある子は、ガソリンスタンドに駐車していたタンクローリーからキロリットルの単位を見つけてきました。教科書にも出てこないセンチリットルという単位を、お父さんのジョニクロ（ウィスキー）のビンから見つけてきた子も現れました。

　そして、ついに「水に関係ないのに冷蔵庫にもリットルが使われていた。」「ゴミ箱にもリットルと書いてあった。」ということも発見して、「どんな時に、リットルって使われるのだろう？」と、疑問をもってきたのです。

疑問や問いをもつ事は学習の基本です。子どもたちは、ただ単位の換算を機械的に覚えるだけの、受身の存在ではありません。こんな問いを大切にできる子にしていきたいと思っています。

4. カルピスは水と混ぜると消える⁉

次に、液量でもたし算やひき算ができることを学習します。同じ水同士をたす時は、子どもたちもイメージしやすいようです。でも、114ページで紹介したように「カルピスと水のたし算」だと、なかなか難しいようです。彼らが発見した、カルピスと水のたし算とは、こんなたし算でした。

> カルピス1デシリットルと水3デシリットルを合わせると、何デシリットルになるのか

子どもたちは「1デシリットル＋3デシリットルだから、4デシリットル！」と元気よく即答しました。ところが問題は次に起こりました。勇人君が、
「カルピスは水の中に入ると消える。」
と言ったのです。

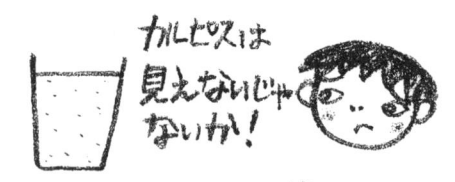

リンゴの 1こ+3こ=4こ
〇+〇〇〇
は 見ればわかるヨ。

カルピスは見えないじゃないか！
1dℓ+3dℓ=4dℓだョ
なんでかわからないけど…

　さあ大変です。「水に混ぜると、カルピスは消えて、合計3デシリットル。」という主張に変わる子が続出です。「やっぱり合わせるから、合計4デシリットル。」と主張する子とに分かれ、討論が始まってしまいました。計算は簡単です。1＋3＝4ですから。でも、
「カルピスは見えなくなるじゃないか。」「溶けてなくなってしまったんだよ。」「混ざると消えてなくなるんだよ。」「なくなるということは、水の量は増えないんだよ。」
と言うのです。「4デシリットルだ。」と主張する子どもたちも、うまく反論できません。みなさんなら、こんな疑問にどう言って納得させますか？
　子どもたちは、目の前にあるコップの水の量をもう一度確かめます。すると…、
「カルピスは混ぜても消えない。」
「やっぱり4デシリットルじゃないか？」
と考え始めました。こうして、だんだんと「カルピスを水に混ぜても、消えてなくなったりしない。」ということが次第にみえてきたのです。実際に2つを合わせて確かめてみればすぐにわかることですが、ここで「ああでもない、こうでもない。」と考えたことが重要でした。

　昔は、自分で石鹸（せっけん）を溶かしてシャボン玉遊びをしたり、色水を作って遊びました。また、「5倍に薄めてください」などと書かれた濃縮ジュースを自分で薄めて飲んだりしたものです。今は、すべて完成品として販売されているのです。なんの手間も必要ない親切？が、子

どもたちから実体験を奪っているように思います。
　それだけではなく、私が心配しているのはみなさんの子ども時代にはなかった、生活科です。1・2年生の理科がなくなって、代わりに生活科になってから、遊び・体験などで「生き生き」と活動することばかりが強調されるようになりました。その一方で、「物が溶けるとは、どういうことだろう。」「溶けると、物はいったいどうなるのだろう。」などということを「わかる事」が大切にされていないように思います。
　以前、低学年の理科では「物が水に溶ける時は、ガラスのコップの向こう側の文字が読めるように透明になる。」と教えていました。「溶けて見えなくなっても溶かしたものは存在する。」という科学の基礎を、遊びや体験を通して学習していたのです。

　勇人君の大切な疑問とみんなの討論のおかげで、「溶けても、混ぜても、物はなくならない」という基本を、その日みんなで身につけたのです。これには、後日談があります。ある時、中学生になった子どもたちが私に会いに来て言いました。
「今、物質の勉強をしているんだけど、小学校の液量のたし算を思い出したよ。」
と。実際、中学生でも物を水に溶かすと消えてなくなると思っている子が、少なからずいるというのです。
　物事はすんなりと結論に達するよりも、何度も迷ったり考えたりして結論に達したほうがよく理解できます。自分の迷いや考えたことを友だちと意見交換でき、「安心して迷ったり、間違えたりできるところ」、「過程を大切にできるところ」が学校なのです。「はやくはやく」は小学生を持つ日本のお母さんが一番使う言葉ですが、もう一度考えてみる必要がありそうです。

12 「重さ」
―力を入れると、体重が増えるって本当？

> 体重測定の時に、片足をあげても体重は変わらないって先生は言うけど、片足をイスに乗せたらどうなるの？

重さは変わる？

　この場合はもちろん重さは減ります。
　「重さ」というと、何を思い浮かべますか？ 体重測定・お肉屋さんはもちろんのこと、郵便物や宅配便を出すのにも必ず重さがついてまわります。子どもたちにとっても、液量（かさ）以上に身近だといえるでしょう。
　しかし、「重さ」の正しい理解となると、なかなか難しいものなのです。というのも、液量や長さなどとちがって目には見えないからです。たとえば液量だと、コップにしろプールにしろ、水にしろジュースにしろ、目で見ることができます。でも重さは、見ただけではわかりません。鉛のように小さくてもすごく重いものもあるし、発泡スチロールのように大きくても軽いものがあるのです。
　実験を通して、重さの概念を身につけること。
　体積や密度、圧力等に惑わされやすい「重さ」を理解するためには、「重さは、これらの量と関係ない量だ。」ということを体験することが

必要です。キログラムやグラムを、「子どもたちは、すでに知っている。」こととして与えるのではなく、「重さ」とはどんな量なのかを考えさせること、これが大切です。

まずはじめに、子どもたち、いえ大人でも「重さ」を誤解している、という実際の例を3つ紹介しましょう。

①「真知子さん、そんなに力を入れなくてもいいのよ。もっとリラックスして。」

2学期最初の体重測定の時です。病気のために体重が少し減ったことを気にしていた真知子さん。「みんな体重が増えたのに、自分だけ減ってるなんて。」と、力を入れて少しでも体重を増やしたかったのです。実は、「力を入れると体重は増える。」と思っている子どもは意外と多いのです。みなさんも、体重を増やそうとしたり減らそうとしたり、体重計に乗って悪戦苦闘した経験があるでしょう。

②「お客さん、この荷物立ててもいいですか。」

宅配便がまだ始まったばかりの頃。細長い荷物を持って、営業所に行くと係の人が、「お客さん、この荷物、立ててもいいですか。」と尋ねるのです。「変なことを言う人だな。」と見ていると、秤からはみ出した細長い荷物を立てて、秤の中に収めているのです。

なんと、この人は、秤からはみ出した荷物は正確に量れないと思っているのです。小学生の時から算数や理科で、繰り返し「重さ」を学習してきているはずの大人でさえ、こんな勘違いするのです。やはり、「重さ」の概念を基本的なことからきちんと理解することが必要です。

12 「重さ」―力を入れると、体重が増えるって本当？　123

ちなみに、「力を入れても」「秤（はかり）からはみ出しても」重さは変わりません。

③重さがないものだってあるんだよ!?
　実は子どもたちは、「重さ」がないものもある、と思っています。これについて、少し詳しく紹介しましょう。

前ページのようなプリントを渡して、子どもたちに「『重さ』があるかないか。」を考えてもらいます。さて、「重さはない。」と彼らが考えたものは、これらのうちのどれでしょうか。
　髪の毛1本、ティッシュペーパー1まい、ガス、綿、アルミ箔、発泡スチロールだったのです。子どもたちは日ごろ自分が持って重いと感じたもの以外は「重さ」がないと思っているようでした。「たくさん集まれば重さはある。」が「1つでは重さはない。」というのです。後でひとつひとつ重さがある事を実験で確かめます。ここがおもしろいところです。今までの生活で作られた概念が砕かれ、学習によって新しい概念が作られるのです。

1. 比べてみよう！　ペンケースチャンピオン大会

　私は、教科書に書いてあるように、のり・はさみ・教科書など子どもたちの身近な物で重さ比べをしたり、木片と鉄の玉、スポンジ等を使って重さの学習に入りました。でも、子どもたちにとっては、鉄の玉も木片も全然身近なものではありませんし、「のりとはさみ」の重さを比べる必要性もないのです。「算数は嫌いだ。」とあきらめている子は、こうした必然性のない物を使っての授業だと、はじめからなかなか学習をしようというやる気が出てこないのです。
　そこで思いついたのが、"ペンケースチャンピオン大会"です。

　子どもたちの通学かばんの定番＝ランドセル。この中に教科書やノートを入れるとかなりの重さ（平均すると2キログラム強）になります。こんな重いものを背負って通うのですから、特に入学したての1年生は大変です。そこで子どもたちは、できるだけ軽くするためにいろいろ工夫しています。ペンケースもそのひとつ。ファッション性や流行にとらわれながらも、軽いものを選んでいます。
　班のなかま4人で、「だれのペンケースが一番重いか」、秤は使わない前提で、どうやって比べるのか考える、"ペンケースチャンピオン

大会"をしました。

　子どもたちはいろいろと考え、次のようなアイデアをまとめました。
・持ってみて重いか軽いか手で調べる。
・高いところから落としてみて、速く落ちたほうが重い。
　（落下速度と重さが関係ないことは、実験してみないと子どもは納得しない。）
・ゴムでつるして長いのが重い。
・シーソー天秤（てんびん）で調べる。

　これらは同時に出てきたわけではなく、まず最初は、両方手に持ったりして、直接比べていました。次に、ゴムでつるしたりシーソー天秤を使うなど、物を仲立ち（なかだち）にして間接的に比べはじめます。そして、ついに1円玉やオセロのこまなどを使って、「A君のペンケースはオセロが5つ分」「B君のは、7つ分」などと比べるところまで進んだのです。

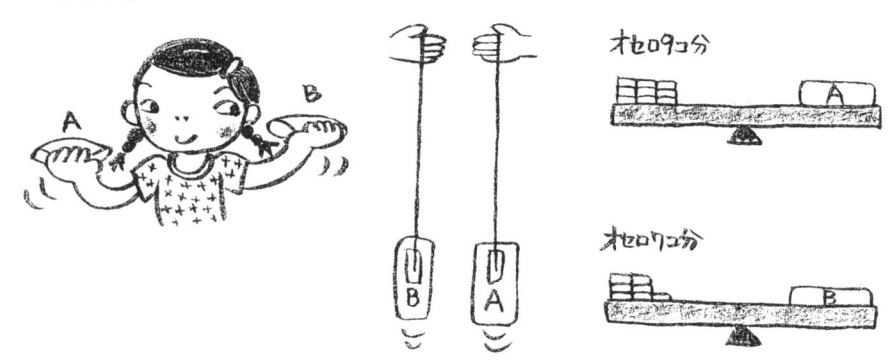

手で比べる　⇨　ゴムでつるす　⇨　シーソーてんびんとオセロで比べる

　ここまでくると、あとひといき。オセロのこま1つが10グラムなら、A君のペンケースは50グラムだとわかるのですから。いよいよこれから、世界共通の単位＝キログラム（kg）を学びます。

　キログラムの学習の前に、大きさと重さが関係しないことを確認するために、スポンジと鉄球の重さ比べをします。大きなスポンジと小

さな鉄球を量ってみると、実感できます。次に、形が変わっても重さが変わらないことを確かめるために、粘土を使います。子どもたちは粘土をいろんな形に変えながら、実際に量って確かめています。これらは、体積などの量と切り離して重さを意識させるために、必要です。

2. 1キログラムと1グラムを自分で作ったよ

「1000グラムで1キログラム」。これだけを覚えさせるのではなく、「自分たちで1キログラムと1グラムを体験する」──そんな授業をしてみました。

まず、1キログラム袋を作ります。

砂場から砂を持ってきて、1人ずつ台秤（だいばかり）で1キログラムになるように慎重に確認しながら袋に入れるのです。何度も失敗するうちに、やがて1回砂を入れるだけで、ほぼ1キログラムの袋を作ることができるようになりました。子どもたちは、「1キログラムの量」を実感してきたのです。

次に、シーソーに子どもを乗せ、片方に乗せたバケツの中に先ほどの「手作り1キログラム砂袋」を入れて体重を量ってみます。

「もっと入れて。」「あっ、多すぎる。」と大騒ぎで、シーソーがつり合うと拍手。「わたしは、28キログラムより少し重い。」とか、「ぼくは、24キログラムより少し軽い。」ということを、このシーソーでわかってきました。「本当かな？」と、一人ひとり保健室の台秤で量ってみると、シーソーで量った時とほぼ同じ結果になりました。

さあ、いよいよ1グラム袋の作成に取りかかります。

まず、1キログラム袋の砂を新聞紙の上に広げ、目分量で10等分します。次に、この10袋をさらに10に分けて100袋。それをまた10等分させると、1000袋できあがります。この1袋が1グラムです。

1グラム袋を実際に持ってみます。みんなその軽さに驚きながらも、1グラムの重さがよくわかったようでした。自分たちで1キログラム

を1000等分して1グラムを作った子どもたちは、「1キログラム＝1000グラム」を身につけました。

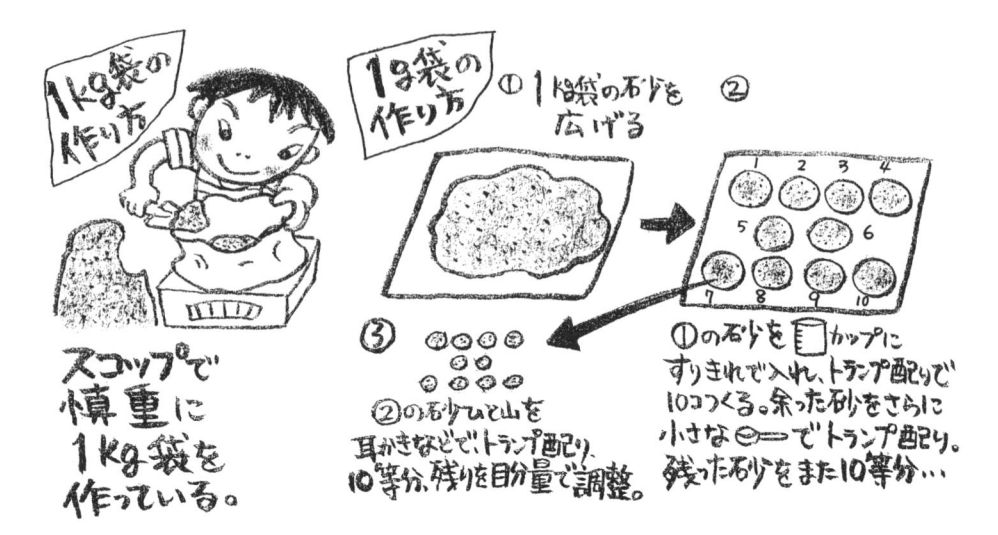

[図：1kg袋の作り方／1g袋の作り方
- 1kg袋の作り方：スコップで慎重に1kg袋を作っている。
- 1g袋の作り方：①1kg袋の砂を広げる ②①の砂をカップにすりきれで入れ、トランプ配りで10コつくる。余った砂をさらに小さな□でトランプ配り。残った砂をまた10等分… ③②の砂ひと山を耳かきなどで、トランプ配り。10等分、残りを目分量で調整。]

　ここで、1グラム袋の重さを確かめるために、上皿天秤で1グラムの分銅を乗せてみます。子どもたちがじっと見守る中、針のゆれはピタリと止まり、1グラムが出来上がったのです。子どもたちから歓声が沸き起こりました。この砂袋は、本書『4〜6年編』で述べる小数の学習の時にも活躍しました。子どもたちはすっかり「自分が作った1グラム」が気に入って、休み時間のたびに、天秤秤でいろいろなものを量って遊んでいました。

3. 重さについての疑問いろいろ

　子どもたちはいろいろな物を持ち寄ってきて、台秤で量っているうちに、疑問がわいてきたようです。
・ゾウの重さはどうやって量るの？
・動物の赤ちゃんはどうやって体重を量るの？
・トラックや船の重さはどうやって量るの？
・大きなお相撲さんは体重計がこわれちゃうけどどうするの？

- お水を飲むと体重増えるの？
- うんこをすると体重は減るの？
- おんぶすると重さはなくなるの？

みなさんは答えられますか？

こうした疑問は、１つひとつが授業として成り立つおもしろいものです。近頃は教科書でも、「やってみよう」「チャレンジコーナー」としてこのような問題を取り上げていますが、実験しながらやってみると重さに対する認識はより深くなり、宅配便の人のような間違いや真知子さんのような間違いもなくなるのです。

4．目盛りって、むずかしいんだよ

この後、上皿自動秤（うわざらじどうばかり）で実際に測定しながら、キログラムやグラムの目盛りを読んだり、簡単な単位換算（１キログラム＝1000グラム）を学んで、重さのたし算・ひき算を学習します。

秤の目盛りを読むことは、簡単なことではありません。例えば、「１目盛りが10グラムなのか100グラムなのか」―その上皿自動秤が「１キログラム秤」なのか、「２キログラム秤」「４キログラム秤」なのかで、目盛りが違うのです。３年生は、それだけでわからなくなって混乱してしまうのです。

そこで、上皿自動秤の「目盛り作り」もみんなで実際にやってみます。秤は「８キログラム秤」がいいでしょう。

＜作り方＞

①秤の前面に、白い紙を貼（は）ります（次ページ図のように中を丸く切りぬいた円形）。秤の側面には、白い紙テープを貼ります。

②子どもたちが作った１キログラム砂袋を用意します。袋を秤に１つ乗せるたびに、先ほど貼った白い紙とテープに目盛りをつけていきます。砂袋を８つ（＝８キログラム）乗せると針は１回転します。

③８つの砂袋を１つずつ取り去って、最後に０キログラムも確認します。（これが大切！）

④白い紙とテープをはずし、テープが下図のように0キログラムから8キログラムまで線分化されていることを確認します。

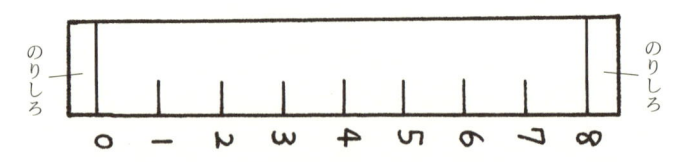

続いて、「1キログラム秤」を使って100グラムごとの目盛りを作りましょう。ここでやはり子どもたちが作った100グラム砂袋の登場です。目盛りを作る方法は同じ、今度は100グラムの袋を1つずつ秤に乗せながら、目盛りをつけていきます。

このようにして、目盛りを自分たちで作ると難しい目盛り読みも理解しやすくなるのです。「目盛りの読み方がわからないから。」と秤で練習を積み重ねるのもいいのですが、このようにキログラムやグラムを線分化して実際に作ってみると、重さを実感できて理解しやすいようですね。

13 「3ケタのかけ算」
―私の作った問題、解けるかな？

356×28 はいくつ？
筆算で計算すると、
こんなふうになったよ。

```
   356
 ×  28
 24448
  6112
 85568
```
できた！

　356×28 を勉強する前に、56×28 を勉強しました。筆算で書くと下のようになります。

　これを見るとわかるように、2ケタの「56×28」と同じように考えて、それに「100の位の3がつくだけだから、3×8＝24 を上の段にくっつけて、3×2 を下の段くっつけて」しまったのですね。

```
   56
 × 28
  448
  112
 1568
```

1. 3ケタかけ算には特別の意味があるんだね

　2002年以降、小学校の算数から全く姿を消してしまった、3ケタ×2ケタの筆算（今まで3年生で学習していました）。今後は、2ケタ×2ケタ、3ケタ×1ケタまでを筆算で計算し、ケタ数の大きい

計算は、電卓を使ってやるようになったのです。
「面倒な計算なんて、電卓でやれば良いじゃないか。算数嫌いがなくなるのでは？」
と思われる方もいらっしゃるでしょう。確かにそうした面も考えられると思います。

　でも、３ケタまで学習すると、真ん中のケタに０が入った計算ができるようになり、計算の世界が広がります。これは２ケタ計算ではできないのですから、計算の規則や意味を考える上では３ケタまで学習させたいと思います。実際には電卓を使うにしても、計算の基本的な仕組みだけは、しっかりと理解してほしいところです。

　３ケタのかけ算は、ケタ数が多いというだけで「なんだか、できそうもない。」と気持ちがなえてしまう子もいます。ここはひとつ、「算数は、わたしたちの生活の中で、どんなふうに使えるだろう。」という点から、子どもたちの意欲を引き出したいものです。

　子どもたちは、学習をする意味がわかった時、意欲を持ち、今まで苦手でできなかったことさえも、自分で学びの道を開いていくのです。それは時に、算数学習の系統性をも超えて自分を伸ばしていきます。「算数は積み重ねが大切だから、一度つまずくと、もう追いつけなくなる。」と大人は心配しますが、そうは言えない例をたくさん見てきました。例えば…。

　るみさんは、３年生の３学期になっても九九を覚えていませんでした。学習にほとんど集中できず、たし算やひき算も指を使ってようやく計算しているような状態だったのです。ところが、「水に溶けたトイレットペーパーは、どこへ行くんだろう？」と疑問に思ったことから、大きく変わりました。「どこへ行くのか、どうしても知りたい。」と耕君と一緒に調べはじめたるみさん。後で述べる、「トイレットペーパーの年間使用量計算」をするために、「計算だって、できるようになりたい。」と、お母さんと３ケタのかけ算を学習しはじめたのです。そうしてるみさんは、３ケタ×２ケタのテストで生まれてはじめ

て80点を取ったのです。大喜びで教室中を走り回っていたるみさん。彼女は、教科書や大人の思惑を超えて、この時飛躍したのです。

2. 自分で問題を作ってみると、わかるんだね

　計算問題が解け、文章題が解けても、実は意味がわかっていない——という子は少なくありません。「わかった気になっている。」ということは、27ページの「ウサギとニンジンのたし算」のように、わたしたちにも案外多いですね。3ケタ以上×2ケタのかけ算（765×84など）の世界をどうつかんだのか、子どもたちの目線で見るためにも問題作りは大切にしたい活動です。子どもたちも、自分で自由に考えられるので、とても好きなんですよ。

　問題作りをする時に注意したいのが、生活の中で「何を1あたり量とするのか」「どんな場面でかけ算が使われるのか」ということです。「1あたり量×いくつ分＝全体の量」を求めるのがかけ算、と2年生から何回か学習を重ねてきても、いざ問題を作ろうとするとなかなか難しいようです。

　子どもたちが、様々な問題を作ってくるようになったきっかけは、未来さんの朝の発表です。お母さんが妹のオムツをとりかえているのを見た未来さんは、「いったい何回とりかえているのだろう？」という疑問から、3ケタかけ算の問題を作ってみたのでした（下図参照）。

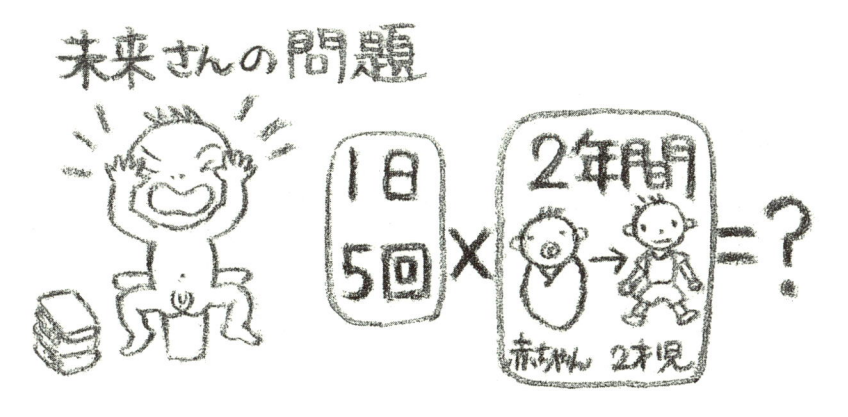

子どもたちは未来さんの問題に影響されて、大人では考えつかないようなおもしろい問題をたくさん作りました。"かけ算探検"(66ページ)や"わり算探検"に取り組んできたので、きっかけを与えられて大いに触発されたようです。子どもたちの思いが伝わってくるような問題なので、一緒に考えてみてください。

　里奈さんの問題　私は、お母さんに1日70回めいれいされます。1か月では何回めいれいされるでしょう。1か月は30日とします。

　ゆうじ君の問題　ぼくは、勉強をしたくないと1日に24回思います。1年間思いつづけると、何回思ったことになりますか。

拓君の問題　ぼくが、算数の時間に後ろを向く回数は10回です。1年間（220日）では何回後ろを向きますか。

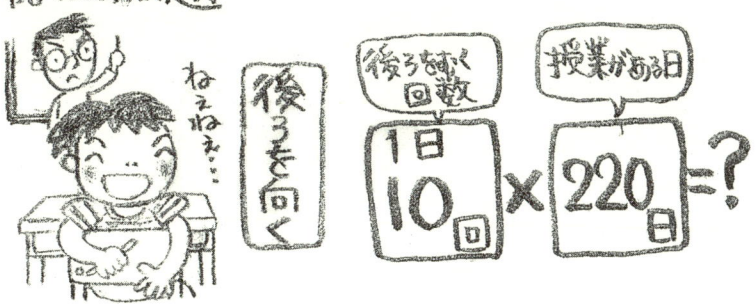

　有紀さんの問題　1はこ150円するタバコをお父さんは2日で1はこすいます。1か月すうとお金はいくら使いますか。1年ではいくら使いますか。

　みくさんの問題　うちのお母さんはヤクルトのはいたつをしていて1パック175円のヤクルトを今日は35パック売りました。いくら売ったのでしょう。

　舞さんの問題　お父さんは1300円のおさけを1か月2本買います。1年12か月ではお金はいくらかかるでしょう。

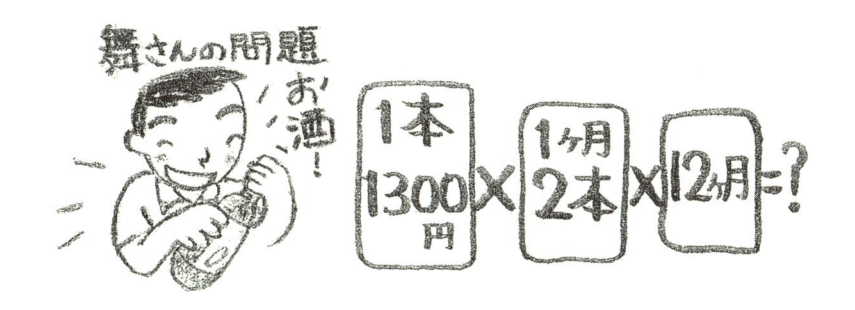

つかささんの問題　私は1回にトイレットペーパーを1メートル使います。1日5回行くと1か月（30日）ではどれくらい使いますか。

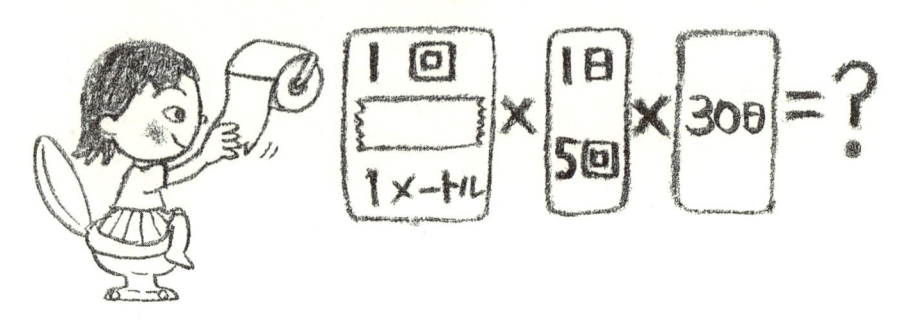

このつかささんの問題をきっかけにして、みんなで「私が使うトイレットペーパーの量」をレポートしてみました。

3. トイレットペーパーをこんなに使ってたんだ！

　トイレットペーパーは、算数を使って生活を見ていくことができ、また総合的に扱うとおもしろいところです。例えば、トイレットペーパーの原料のパルプや再生紙・古紙について調べ、他の国のトイレットペーパー事情、汚水処理等の学習へと発展していきます。

　自分が1年間でどれくらいのトイレットペーパーを使っているのか、考えたことはありますか。ぜひ計算してみてください。実は、かなりの量を消費しているので驚くと思います。

　「トイレットペーパーを1年間でどれくらい使うのか」を調べるためには、

　①まずペーパーを実際に切って、その長さをはかります。

　　子どもたちはワイワイ言いながらトイレに出かけて、自分がふだん使う長さでペーパーを切ってきました。

　②次にこの長さを、1日何回トイレにいくか回数をかけて1日分を

出します。
　ここでセンチメートルをメートルにかえます。小数のかけ算はまだできませんから、2.7メートルなどとしないでおよその数（およそ3メートルなど）でだしておきます。これも学習の1つです。
③1日の長さに、365日をかけると1年間に使う長さが出ます。
④トイレットペーパーを1巻き10メートルとして、わり算を使うと1年間に何こ使うのか、答えが出ます。
⑤家族の数をかけると、わが家ではどれくらい使うのか考えることができます。
算数の学習が自分の生活を見直すきっかけになるのです。

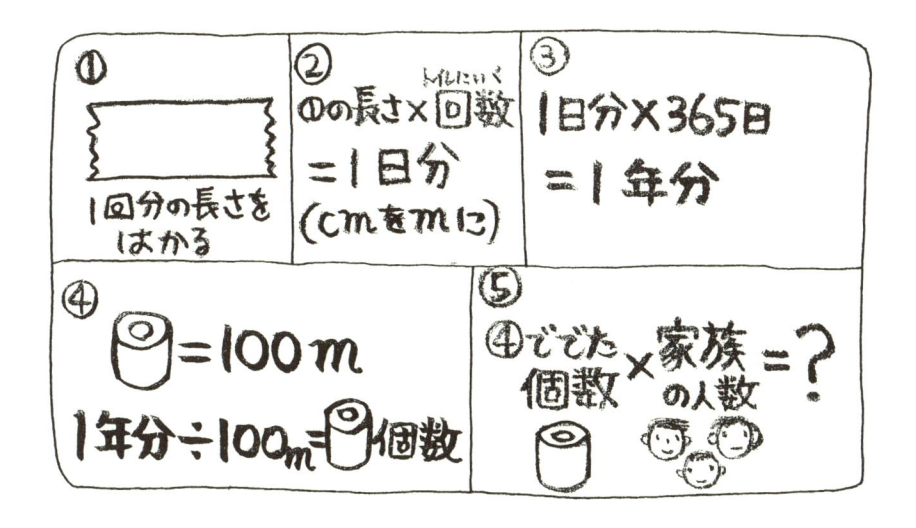

```
┌─────────────┬──────────────────┬──────────────┐
│ ①           │ ② ①の長さ×トイレにいく回数 │ ③           │
│             │   =1日分          │ 1日分×365日  │
│ 1回分の長さを │  (cmをmに)       │ =1年分       │
│ はかる       │                  │              │
├─────────────┴──────────┬───────┴──────────────┤
│ ④ 🧻=100m              │ ⑤ ④ででた個数×家族の人数=？│
│ 1年分÷100m=🧻個数      │                       │
└────────────────────────┴───────────────────────┘
```

4. お母さんが、お酒の量を減らしたよ

「どんなことでも、計算問題になるんだなあ。」と、私も改めて発見しました。この問題作りから、仕事で飲むお酒の量を考え直して減らしたというお母さんがあらわれました。「算数の学習で？」と思われるでしょうが、そうなのです。

ユキさんはお母さんと2人暮らし。夜も働くお母さんを待っているので睡眠不足になりがち、学習にも身が入りません。でも、そんなユキさんをやる気にさせたのは、隣の席の勉君です。「やりたくねえ。わかんねえ。めんどくせえ。」といつも騒いでいた勉君は、授業ではじめて質問をし、その質問のおかげでみんながよく理解できて、クラスのなかまやお家の人にもほめられ、やる気が出てきました。ついに家で予習までしてくるようになったのです。
「オレも頑張っているからおまえも休まないで学校に来いよ。」
　勉君の言葉は、ユキさんまでもやる気にさせました。友だちから励まされると、教師や親が言うよりもとても説得力があるのです。ユキさんは、3ケタのかけ算の学習から頑張りだし、寝坊した時も「私、算数やりたいから学校に来た。」といって遅れて登校したほど。勉君と一緒に、見事に100点もとりました。
　では、お母さんがお酒の量を減らすきっかけになったという、ユキさんの問題とはいったいどんな問題だったのでしょうか。

　うちのお母さんは、仕事でお酒を1日にぜんぶあわせてボトル5本ぐらい飲みます。1年間365日では何本飲むでしょうか。

この問題を見て、
「えっ、私こんなには飲んではいないですよ。でも、このごろ体の調子があまり良くなくて、子どもも心配してくれていたのは事実ですけれど、算数の問題を作っていたなんて知りませんでした。」
と語るお母さんの目には涙が光っていました。
　次の日、ユキさんは
「ママはね、ユキの問題を見て『お酒の量を減らすよ』って言って私をぎゅっとだきしめたんだよ。苦しいくらいだったよ。昨日は一緒にお風呂にも入ったんだよ。」
と、報告してくれました。

　こうしてみんなが作った問題は、カードにして「1回くり上がる型」「2回くり上がる型」などのパターンに分け、お互いに解き合います。こうすると、とても楽しい、手作りドリルになるのですよ。

手作りドリル

表　　　　　　　　　裏

（表）ぼくのお母さんは1日メールを7回します。1年間365日とすると何回していますか？ちなみにアイフォンは1回4円です。いくらかかったかも計算して下さい。

（裏）しき　ひっさん　こたえ　かんそうコーナー

ちょっとひと休み―世界のかけ算、九九は覚えていなくても大丈夫?

子どもたちみんなが苦労する「九九」。他の国の子どもたちも、同じように頭を悩ませているのでしょうか?

日本や中国では、九九は口で唱えるようにしていますが、実はヨーロッパの九九は、口で唱えるようにはなっていません。

昔ヨーロッパでは、大きい数のかけ算をする時に2倍したり、2でわったりして計算していたそうです。昔の方法を伝える、ロシア農民のかけ算方法を紹介しましょう。

〈ロシア農民のかけ算〉―2のかけ算・わり算だけで計算する方法

● 25×36 の場合

```
          25 × 2   36 ÷ 2
          50 × 2   18 ÷ 2
次々に    (100)× 2    9 ÷ 2   次々に
2倍       200 × 2    4 ÷ 2   2で
          400 × 2    2 ÷ 2   わる
          (800)       1 ÷ 2
```

① かけられる数字(25)を次々に2倍にし、かける数字(36)を次々に2でわり、表を書く。
② 2でわった時、あまりが出る数字(この場合は9。9÷2=4あまり1)の同列の数字(100)を丸で囲みます。
③ 1の同列の数字(800)も丸で囲みます。
④ 丸で囲んだものをたすと、答えになります。
　(100+800=900)

● 47×39 の場合

```
    (47) × 2   39 ÷ 2
    (94) × 2   19 ÷ 2
   (188) × 2    9 ÷ 2
    376 × 2    4 ÷ 2
    752 × 2    2 ÷ 2
  (1504)       1
```

① この場合、そもそもかけられる数字の39が 39÷2=19あまり1と、2でわり切れないので、47に丸。
② 2でわり切れない19の列の94にも丸。同じく9の列の188にも丸。
③ 1の同列1504にも丸。
④ 47+94+188+1504=1833

どうして2のかけ算・わり算で答えがでるのでしょう？
☆8×5をタイルで考えてみましょう。

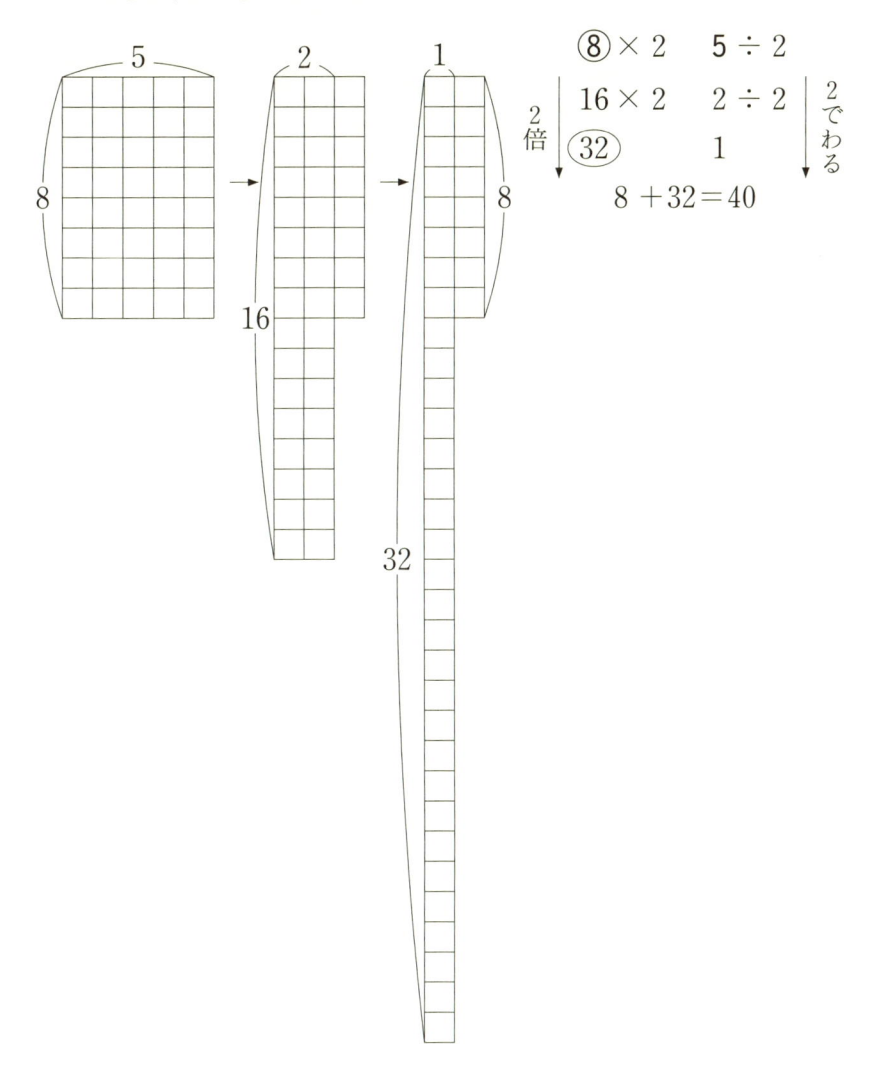

⑧×2　　5÷2
16×2　　2÷2
㉜　　　1

2倍　　　　2でわる

8＋32＝40

　九九の表を形にして紙に書き、それをみながらかけ算をする人もいました。その後、イギリスのネーピアという人は、九九の表を工夫して計算札を作りました（次ページ図）。
　私たち日本や中国では九九を暗記して計算をしていますが、九九の歌のない所ではかけ算はちょっと苦労なのですね。

〈イギリスの計算札〉

	1	2	3	4	5	6	7	8	9
1	1	2	3	4	5	6	7	8	9
2	2	4	6	8	1/0	1/2	1/4	1/6	1/8
3	3	6	9	1/2	1/5	1/8	2/1	2/4	2/7
4	4	8	1/2	1/6	2/0	2/4	2/8	3/2	3/6
5	5	1/0	1/5	2/0	2/5	3/0	3/5	4/0	4/5
6	6	1/2	1/8	2/4	3/0	3/6	4/2	4/8	5/4
7	7	1/4	2/1	2/8	3/5	4/2	4/9	5/6	6/3
8	8	1/6	2/4	3/2	4/0	4/8	5/6	6/4	7/2
9	9	1/8	2/7	3/6	4/5	5/4	6/3	7/2	8/1

● 246×57 の場合

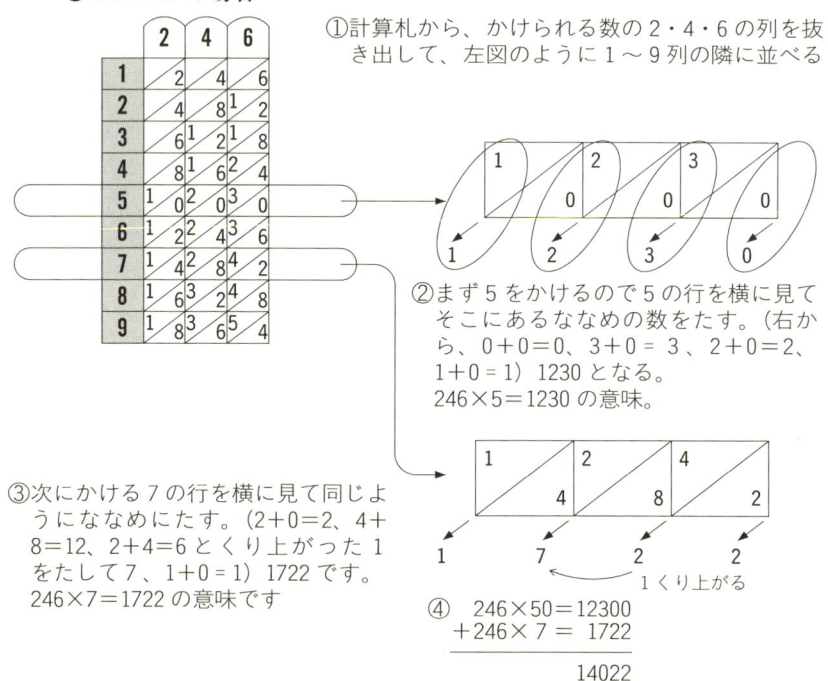

	2	4	6
1	2	4	6
2	4	8	1/2
3	6	1/2	1/8
4	8	1/6	2/4
5	1/0	2/0	3/0
6	1/2	2/4	3/6
7	1/4	2/8	4/2
8	1/6	3/2	4/8
9	1/8	3/6	5/4

①計算札から、かけられる数の2・4・6の列を抜き出して、左図のように1～9列の隣に並べる

②まず5をかけるので5の行を横に見てそこにあるななめの数をたす。（右から、0+0=0、3+0=3、2+0=2、1+0=1）1230となる。
246×5=1230 の意味。

③次にかける7の行を横に見て同じようにななめにたす。（2+0=2、4+8=12、2+4=6とくり上がった1をたして7、1+0=1）1722です。
246×7=1722 の意味です

④　246×50=12300
　＋246×7 =　1722
　―――――――――――
　　　　　　　14022

付　録
こんな時　どうする？

お母さんの悩みに答えます
Q&A コーナー

Q1. 担任の先生から「算数がちっともわかっていないようなので、お家で見てあげてください。」と言われました。まだ、1年生の5月なのにこの先心配。どうしたらいいのでしょう？

A1. 「さあ、算数が遅れているんだから、家でも勉強しなさい。」と、学校の下請けをするのは感心できません。

　1年生の精一杯がんばっている事情もよく考えながら、学校での様子について子どもとじっくり話し合ってみる事が大切です。その上で、家庭のフォローが必要だと判断したのならば、もう少し時間がゆっくり取れる時期、子どもが「やってみたい。」と思えた時などに考えてみるとよいでしょう。子ども自身の意欲を育てることが何よりも大切なのですから。

　1年生にとって、学校の生活は初めての経験ばかり。重いランドセルを背負って登校するだけでも疲れ、新しい友だちをつくるのにも緊張し、幼稚園・保育園時代と違って、何10分もじっと座っていなけ

ればならないなんて…。学校が終わって学童保育に通う子は、もっと疲れているはずです。4月5月の1年生にとって一番大切な事は、家ではゆっくりと休養を取らせることでしょう。

「わからないなら、どうして先生に聞かないの?」と子どもに求めるのは酷です。例えばこの時期には、こんなこともあります。

「さあ、ノートを出しましょう！」と先生が言うと、

「先生、なにを出すの？」

と聞きに来る子がたくさんいます。みんなに語りかけている事が、自分にも言われていることだと理解できないのですね。聞きに来られる子はまだいいのですが、どうしていいのかわからずに、うろうろしている子もいるのが1年生です。

　子どもと勉強する時には、例えば、『3あつめ』をして「どうしてなかまだと思うのか。」子どもの考えをじっくり聞いたり（13ページ）、『とりとりゲーム』（24ページ）で一緒に遊びながら「5をかたまりとして理解」できるようにしてみましょう。また、たし算では文章題をお互いに作って解き合ったりしながら、短時間で興味が持てるよう、本書を活用していただければと思います。

Q2. 入学前にひらがなや数字の読み書き、たし算やひき算くらいは、勉強しておかないとダメでしょうか。

A2. 幼稚園・保育園でも、英語までお勉強するところが増えてきています。自宅には通信教育や塾のダイレクトメールが送られてきます。「私は、子どもをのびのび育てたい。」と思っていても、さすがに不安に…。そこで、次の2つの点を一緒に考えてみましょう。

① 二度とない、かけがえのない幼児期に大切な事は何？
② 入学後に勉強が遅れて、自信をなくしてしまうのでは？

①について考えてみましょう。幼児期の子どもたちにとって、まわりの自然や人・できごとに触れて、「なぜ？　どうして？」と興味や関心を抱き、感覚や感性を育て、『話し言葉』を身につけることが大切です。算数については、身近なおやつやおもちゃを使って「合わせる、取る、分ける」経験や、「多い」「広い」「長い」「速い」などの感覚、「まる」「三角」「四角」などの形にもたくさん出合わせたいですね。そして言葉と物や動作を一緒に身につけてほしいですね。

②で考えたいのは、「数や式を『覚える』だけでは、算数の力は身につかない。」ということです。いくら最初にいろんな知識を詰め込んでいても、結局は豊かな体験を持った子どもたちの方が、ある時期になるとぐんぐん伸びていきます。

基本的には、学校で教わる事を先取りして教え急ぐ必要はないでしょう。子ども自身がその気もないのに、「今やらせないと心配だから。」と机の前に座らせて教え込む事だけは避けたいものです。学ぶ子どもこそが主人公、であることを忘れないようにしたいものですね。

Q3. 今は昔と違って、時計はほとんどデジタルなのに、どうして無理にアナログの時計を読まないといけないのでしょう？

A3. 時間は、ただの数字ではありません。量としてとらえることが必要です。そのために、アナログ時計が有効だといえるでしょう。
　子どもたちは、「時間」や「時刻」に触れる機会がたくさんあります。しかし、「遊んでいる時間」の方が「勉強している時間」より「速い」と思ったり、「寝ている時は時間がなくなってしまう。」と考えている子もいます。時間は、「長さ」「かさ」とは違って、直接目に見えず手で触れることができない、止めておくこともできない、実感するのが難しい量なのです。
　子どもたちに、時間を『量』として理解させるにはどうすれば良いでしょう。「こまが回っている時間」など、動きのあるものと時間を結びつけて、目に見えるものとして理解させましょう。「アナログ」の時計は、「○○している時間」を長さにして数値化するので、子どもにはとてもわかりやすいのです。ただし、生活とはなれたところで、読み方だけを教えこむのはあまり感心できません。生活経験が豊かになってくる2年生までには、ほとんどの子が時計を読めるようになりますから、安心してください。
　ちなみに、2002年から「時間」は「時刻読み（分まで）」を2年生で、「日、時、分、秒」を3年生で学びます。

Q4. 勉強を見てあげる時、わが子がわからないとイライラしてつい怒ってしまいます。なにか良い方法はないでしょうか。

A4. せっかく子どもの勉強を見てあげているのに、イライラして怒ってしまい、そんな自分に腹が立ったり…。イライラしてきたら、すっぱりと勉強を見てあげるのをやめましょう。怒られると子どもはそれだけで勉強が嫌になり、自信もなくします。自信ややる気がなくなると理解力も思考力もなくなってしまうのです。子ども自身が「わかりたい、できるようになりたい。」という意欲があればこそ、課題への理解がすすむのですから。

　子どもにイライラした時は、親が一呼吸おいて気分転換をしましょう。「そうは言っても、今理解しないと…。」と気がかりでしょうが、叱りつけたり言い合ったりして親子関係を崩してしまう前に、担任の先生に相談にのってもらいましょう。

Q5. 宿題を見てあげると「お母さんのやりかたは違う。先生はこう教えてくれた。」と頑(がん)として聞き入れません。親の時代とやり方が違うので困ってしまいます。

A5. 低学年のうちは、親も「これならわかるので、教えられる。」と頑張ってしまいがち。しかし、学校の教え方とお家でのやり方が違うと、子どもは混乱してかえってわからなくなってしまうこともあります。「お母さんのやり方は違う。」と言う子どもと、お互いに感情的になってしまうこともあるでしょう。大きなお世話はやはり禁物(きんもつ)です。「宿題ができなくてイライラしています。」「ひき算が全くわからないようです。」など、子どもの様子を担任に伝えて相談することのほうが賢明でしょう。

　宿題を見てあげる時はどんな様子でしょう。「そばでつきっきり。」「宿題が終わってから点検。」「子どもが聞きに来た時だけ。」など、いろいろあるでしょう。しかし、基本的には子どもが持って来た時だけ見てあげる方がいいでしょう。「わからないから教えて。」と言ってきた時は、どこがわからないのか聞いて、優しくアドバイスしてあげましょう。

Q6. 子どもは1年生です。忘れ物が多く、先生に言われたことや持ち物などもすぐ忘れてしまいます。どうしたらいいのでしょう。

A6.「お宅のお子さんは、忘れ物が多いですね。」なんて言われると、自分が注意されたように気にして、ついつい子どもを叱りつけたり…。でも、大人でも忘れることはたくさんありますよね。子ども自身が「忘れ物が多いな。」と自覚しはじめたらチャンス。忘れ物が多いと言っても原因はいろいろです。以下を参考に分析してみてください。

①次の日の用意を全部親がしている、②準備をする時間をきちんと決めていない、③準備する時に連絡帳やプリントなどを見ないでやってしまう、④親が忙しくて学校からの連絡に注意を払えない、⑤次の日の学習や学校生活に魅力がもてない、などです。

教師に求めたいこと。「忘れ物」を気にして学習意欲をなくしている子どもを、安心させたいですね。「文房具、教科書などは忘れても大丈夫。学校に予備があるからね。」などと伝えましょう。なにより大切な事は、学校の学習や生活が子どもたちにとって「ワクワク、ドキドキ」魅力あるようにすることでしょう。次の日が遠足だったり、楽しい授業の時には、忘れ物がほとんどないのですから。

お母さん・お父さんに求めたいこと。子どもが小さい頃から、自分のことは自分でできるようにしましょう。でも、入学してすぐなのに、一人だけで準備させるのは考えもの。初めのうちは、ゆっくりと時間をかけてお話しながら一緒にやってあげましょう。

子ども自身にも、忘れたら友だちから調達できるくらいの信頼関係とたくましさも望みたいところですね。

Q7. 2年生でやっと覚えた九九なのに、6・7・8の段や4の段をすぐ忘れてしまうのです。どうしたらよいでしょう。

A7. もともと、7の段や8の段などは「しちろく」「はちし」など唱えるのが難しいのです。唱えにくいものは覚えにくく、私たち大人も「はちさん　にじゅうし」より「さんぱ　にじゅうし」の方をよく使いますね。

　教科書では、5・2の段の後に3・4・6・7・8・9と学びます。特に後半になると、授業時間も1時間でつぎつぎに進んでしまいます。私は、5・2・7・1・6・3・8・4・9の順で学習します。5と2の段が分かれば7の段が分かります。なぜでしょう？　タイル図を書き、7つのタイルを5つと2つに分けてみます。例えば7×5は、5×5と2×5に分かれますね。同じように、6の段も5と1の段で構成できます。

　かけ算は、「かけられる数」と「かける数」を入れ替えても答えは同じ。ですから九九は全部覚えなくても、覚えやすい方だけで大丈夫です。また大切なことは、九九の暗記だけでなく、かけ算の意味・九九の意味を理解すること。そのためには、タイルなどを使って「九九を量としてイメージ」できるようにしましょう。「九九の構成は、どのようになっているか。」を理解すれば、「九九の力」が本当に自分のものになります。覚えるにこしたことはありませんが、九九を忘れてもかけ算の答えは導き出せます。172ページの『九九の手帳』を子どもに持たせるのもいいですね。それくらいゆったりと構えて、子どもと接してほしいですね。

算数が楽しくなる

わたなべえつこ

おすすめの本

はじめてであう　すうがくの絵本
（全3巻）
　　　　　　　（安野光雅著　福音館書店）
安野光雅氏の美しい絵を見ながら、算数・数学の基本となる集合・数・量・図形・関係等を考える絵本。巻末には安野氏の分かりやすい解説があり、親子で楽しんで読んだり、授業にも使える本。

どっちがたくさん
　　　　　（野沢茂指導　横田昭次絵　童心社）
入門期の数認識の基本について、いろんな場面を描きながら気づくように構成された本。

0から10まで
　　　　　（岡田進指導　田畑精一絵　童心社）
もの・数字・タイルがあわせて理解できるように描かれた入門の絵本。数の学習を2からはじめ、1→3→4→5とすすみ、5以上は「5と□」で学べるよう工夫されている。

ぼくのさんすう・わたしのりか　①
たすひくなあに？
　　　　　（相原昭著　桑原伸之絵　岩波書店）
『ぼくのさんすう・わたしのりか』のシリーズ第1巻。この本は、子どもたちが「たす」「ひく」の意味を自分の生活体験をもとに考えられるように工夫された絵本。親や教師向けに巻末にわかりやすい解説がついている。

ぼくのさんすう・わたしのりか　③
まる　さんかく　しかく
　　　　　（戸村浩著　巽亜古絵　岩波書店）
図形の基本〈まる〉〈さんかく〉〈しかく〉を知った後、絵本の記述にそって折り紙を折りすすむと、多角形まで作ることができるという楽しい本。図形の変身ぶりに大人もビックリ。

いきいきさんすう絵本Ⅰ（全5巻）
　　　　（いきいきさんすう絵本編集委員会編
　　　　　　　　　　　　　　　　　ほるぷ出版）
楽しく、お話を読みすすめながら問題が解けるようになっている絵本。1つ1つの問題が子どもにもわかりやすく、計算問題がやさしいものからむずかしいものへと型分けされている。巻末には詳しい解説がある。

よこにきった　まるいごちそう
　　　　　（かこさとし著　岡本武紫絵　童心社）
サツマイモ、タマネギにはじまり、台所にある野菜、くだものなど、立体を切って断面を観察しながら学べる絵本。絵本を見ながら、実際に親子で一緒に試してみるとさらに楽しくなる。

こども算数新聞
　　　　　　（杉原一昭監修　世界文化社）
新聞紙面のように、絵や写真をとり入れながら、4月6日～3月20日までを「今日は何の日？」と身近な事件や記事を取り上げて楽しく読めるようになっている。中・高学年の子どもばかりでなく大人が読んでもおもしろい。教科書で学習する内容とも一致させている。

算数パワーシート（1年～6年）
　　　　　　（行田稔彦編　民衆社）
現場教師が、毎日の教室での経験をもとに創り上げたワーク。どの子も基礎基本の力を無理なく習熟できるよう、少ない問題数で工夫されている。

算数計算カルテ
整数　たし算・ひき算　1・2・3年生での学習
　　　　　　（行田稔彦編　民衆社）
「らくらく実力アップコース」と「つまずきバッチリ回復コース」がある、1枚10問のカード形式のワーク。学年にとらわれず内容がまとまっているので、つまずき回復や、予習・復習に使える。

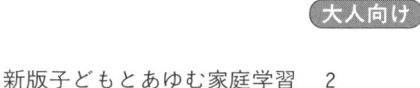

大人向け

新版子どもとあゆむ家庭学習　2
なるほど算数
　　　　　　（行田稔彦著　大月書店）
著者とも親交のある和光小学校校長の氏が、親向けに書いた本。小学校教師も大いに参考になる本。

大人向け

数学の学び方・教え方
　　　　　　　　（遠山啓著　岩波書店）
数学教育の基本となる文献。教師ばかりでなく、一般の人にもわかるように、数、量、計算の体系などが平易に書かれている。

大人向け

零の発見
　　　　　　　　（吉田洋一著　岩波書店）
零の発見の歴史が興味深く書かれた本。エジプト、ギリシャ、ローマの数字、ソロバンや計算尺など数学と計算法の歴史もわかりやすく語られている。

大人向け

算数・数学　なぜなぜ事典
（数学教育協議会・銀林浩編　日本評論社）
算数、数学を学んでいて「なぜ？どうして？」と抱く疑問について、わかりやすく書かれた本。「分数のわり算はどうしてひっくりかえしてかけるの？」「直線に幅はあるの？」「直角はなぜ90°？」等々…。各問読み切りで読みやすい。

大人向け

数と図形の発明発見物語
　　　―ピタゴラスから電子計算機まで―
　　　　　　　　（板倉聖宣編　国土社）
数学の発見、分数、小数、幾何学、円周率、和算、メートル法などの数学の歴史がやさしくわかりやすくおもしろく書かれた本。むかしの人の知恵のすばらしさを学ぶことができる。

おすすめの本　155

子育てと新学習指導要領・算数の学習
―学校完全週5日制と「学力」を考える―

 2002年4月、「総合的な学習の時間」「3割削減」を目玉にした新学習指導要領の本格実施とともに、学校完全週5日制が始まりました。子どもたちに手渡された真新しい時間割表を見ると、1年生でも5時間目のある日が増え、高学年は6時間授業の日が多くなり、子どもたちの下校時刻は今までよりも遅くなってしまいました。
 3年生になったばかりの徹君が言いました。
「毎日疲れちゃうよ。一番好きな時間はゆっくりとお風呂に入る時さ。」
 やんちゃ盛りの子どもが言うこととは思えませんが、子どもたちの生の声としてしっかり聴く必要があると思います。
「ゆとり」を目的にした学校5日制のはずなのに、早くも本来の目的とはほど遠いような矛盾や問題がでてきているようです。もちろん子どもたちは、「友だちと遊べる。」と土・日の休みを楽しみにしているのですが…。
 一方、私たち教師は5日制が始まって以来、多忙を極めています。教科書の内容や教える時間数の変化、総合的な学習時間の導入に伴って今までにない準備に追われ、子どもたちのノートの添削・丸つけ等を家に持ち帰る「ふろしき残業」も多くなっています。
 子どもも教師も親も「ゆとりがなくなった。」と感じている今の問題や新学習指導要領、算数学習について一緒に考えてみましょう。

「3割削減」で学力は低下する!?

「学習内容の『3割削減』では学力が低下する。」――今、塾の案内チラシや週刊誌にはこのような見出しが踊り、親たちに不安を抱かせています。この問題について、二つの面から考えて見ましょう。
 一つ目は、**心配されるのはもっともだ**、という点です。
 心配には根拠があります。今回の指導要領改訂で、総授業時間数が各学年とも年間70時間（1年は68時間）減らされ、このうち20時間強は「算数」の時間です。算数について調べてみると、内容の削減より時間数の削減が多いことに気がつきます。つまり、単純に考えると、子どもたちは今までより短い時間で多くの内容を学習しなければならなくなったのです（従来の指導

時間を基準にすると、小学校6年間で算数はおよそ35時間分ぐらい不足)。

　教科学習時間を減らして導入された「総合的な学習の時間」については、本書の『4年生〜6年生編』で詳しく触れますが、こうした教科時間の削減は既に問題もでてきています。例えば、「『総合的な学習の時間』に追われて、授業時間が確保できない。」と教科の時間が詰め込み授業になったり、「基礎学力をつける。」とスキルの時間（計算練習）を特設して取り組む学校がでてきているのです。これでは「ゆとり」どころか、子どもたちをますます「算数」から遠ざけ、「算数嫌い」をさらに増大させてしまいます。

　二つ目は、「学力低下が心配」だからと、子どもを勉強に追いたててしまう心配です。

　時間数不足で授業が詰め込みになるだけでなく「子どもたちに力をつけさせるため」と、朝の始業前は「体力作り」や「読書の時間」・「計算や漢字練習の時間」、放課後は補習の時間、宿題を増やして家庭でも学習、等の学校もでてきています。また、「子どもたちの将来のために」と、英語等の塾やお稽古（けいこ）に掛け持ちで通わせ、塾から帰って来たらとにかく机の前に座らせる、という家庭も少なくありません。

　子どもたちにとっては、放課後や休日もゆっくりボーッとできる時間には、なっていないようです。余暇の時間がいろいろな形で「意味ある時間」にさせられようとしています（意味のない時間が大切なのです。なぜなら、子どもにとっての自由な時間は、自分で考え何をするか決めることのできる、大切な時間だからです）。これでは、ますます子どもたちを学ぶ楽しさや喜びから遠ざけてしまうことになるでしょう。新学習指導要領の「3割削減」は、「学力が低下する」という親たちの心配を背景にして、子どもたちを学ぶ楽しさから遠ざけてしまう危険性をはらんでいるのです。

　算数はどうなったの？

「新学習指導要領で、算数はどのように変わったのか。」をもう少し具体的に見てみましょう。まず、結論から言えば、要る物を削ってしまい、要らないものを残した、と言えます。

　はじめに単元の問題です。4ケタのたし算・ひき算や3ケタ×2ケタの計算がなくなりました。整数のわり算では、3年生では「あまりがあるわり算」も筆算を使わずにやり、4年生からようやく筆算が入るというチグハグ。小数の乗除は小数第1位まで、分数の乗除も真分数どうしだけになりました。これらが削られて「めんどくさい計算で子どもが悩まされなくてすむ」という面も確かにあるでしょう。しかし、計算の意味や仕組みを学習する上で大

切な内容を削り取ってしまったと思います（削ってほしくないと考える理由は、本文中でもその都度述べてきたつもりです）。一方、低学年からの暗算や概数など削除してもいいと思われる内容がそのまま残されているのです。

次に、計算問題について。今まで計算問題は、「やさしいものから難しいものへ」それぞれパターンに分けられていました。時間数が減った新しい教科書では、難しい問題だけを削るのではなく、やさしい問題も問題数が削られています。「少ない時間で、高度な内容の理解に到達する」ような教え方や、問題の数をこなすだけのやり方では、「わからない」「できない」子がでてしまいます。これでは誰でも心配になりますね。

また、新しい教科書の中に「総合」「チャレンジ」「やってみよう」等の単元・コラムが増えました。算数が実際の場面でどう使われているのか、数のおもしろさや数学史に関すること等、子どもたちにとっても大変興味深く、大切な内容が含まれている発展的な単元です。取り組みようによっては、大変おもしろいところなのですが、時間数が少ない中では十分時間をかけて探求することは難しいでしょう。意味や解き方などの基本的なことを豊かに深く学ぶことなしに、ただ「おもしろい」「楽しい」だけでは力がつきません。

こうしたことから、今後子どもたちの「学習意欲の低下」と「算数学力の低下」がひき起こされて行くのではないか、と大変心配になります。

学力って何でしょう？

『分数ができない大学生』（岡部恒治ほか編　東洋経済新報社　1999年）から始まった「『学力』低下問題」騒動は、大きな波紋を呼びました。当初「学力は低下していない。」としていた文部科学省も、2002年1月には「学びのすすめ」を出すことになったのです。

「学力」と一口に言いますが、漢字の書き取りや計算力、知識の量で測ったり、もっといろいろな力を含めてとらえたりと様々な考え方があるように思います。私は、学力は幅の広いものと考えています。身体機能や感覚、感性、意欲など人間として生きていく上で大切な基盤そのものも学力の土台ではないかと思います。乳幼児期からこの土台部分をしっかりと耕し、その上に読み・書き・算・技・芸術的な力が教科学習の中で培われます。また、土台自体も発達するのです。興味を持ったり、問いを持ち続けたりする意志や意欲などの力、表現したり他人と関係を結んだりする力は、必ずしも積み重なってついていくものではありません。子どもの発達や学びの回路は、学問の体

系とは違う、私たちにははかり知れないほどの豊かさがあります。
　私が今、問題に感じているのは、マスコミや文部科学省とは少し違います。子どもたちの「勉強嫌い」（勉強と学習は違います）や学習意欲の低下、学年が上がるにつれて自分に自信をなくし自分を認められない子が多くなる問題、自分とは異なる友だちを認め友だちとともに学びあう関係が希薄になっている問題、子どもたちの「学力格差」の広がりです。
　これらの問題は本書でも述べてきましたが、子どもたちの学習の内容と方法を、創造的に豊かに深く創っていく中で解決できると思っています。

家庭で大切にしてほしいこと

　2002年4月の懇談会では、少なくない学級で「宿題をたくさん出してください。」「わからないときは残して教えてください。」という要望や意見が出されたそうです。また、転校してきた親御さんからは「お宅の学校では英語はどの程度やっていますか。」という問い合わせ、「補習はやってくれますか。」という質問が寄せられたりしているといいます。みなさん不安いっぱいです。あるクラスでは、次のような意見も出て、お母さん同士の議論になったそうです。「勉強の心配がないわけではありません。でも低学年の今、大切なのは友だちと思いっきり遊ぶことやゆっくり過ごす事。宿題を多く出してもらうことには反対です。」…結論は出なかったものの、子育ての心配や大事にしたいことなどが率直に語られたことに意味がありました。担任の先生も「がんばって楽しくわかる授業をやりますが、必要なスキルの宿題も出します。しかし家庭でも、ゲームやビデオなどばかりでなく、低学年の子どもに大切ななかまと群れて遊ぶこと、子どもがゆったりできる時間・空間をつくるよう考えて欲しい。」と親御さん達に伝えたそうです。
　子育てが「孤育て」になってしまうことが、不安や心配をさらに大きくします。孤育てにならないためにも、親自身がゆったりできる時間・空間、そして子育ての本音が語り合えるなかまをつくることです。

　子育てで不安や心配のない親はいません。だからといって、子どもの先回りをして親の考えを押し付けたり、「勉強、勉強」と追い立てたりすることは避けなければならないでしょう。かけがえのない子ども時代を大切にするためにも、この本を参考にしながら、生活の中で数や量の概念を一緒に考えて見たり、子どもと一緒に算数ゲームをしたりしながら、学びの楽しさを体

験させたいですね。生活と実質的につながりを持つ、文化としての算数の体験はこの本でも紹介していますが、家庭でも親子で楽しみながらできることですから。そして、子どもが「算数でつまずいている。」「算数のテストで悪い点を取ってきた。」時は、チャンスなのです。親がイライラしたりせずに、まず、子どもが「なぜそう考えたのか。」をじっくり聞いて見ましょう。「つまずきや間違いの中には大切なことがたくさん隠れている。」ことは本文でも述べましたが、ここは子どもと一緒に考えましょう。結論だけを受け入れる受身の人間にはなってほしくありません。算数を通じて、考える力・生きる力を身につけてほしいものですね。

「競争から共生へ」時代は大きく動いています。共生の21世紀を担う子どもたちに、人間としてどんな力をつけて欲しいのか、そのためには何をしなければならないのか、算数教育ではどうしたらよいのか、少しグローバルにも考えながら子育てしていきましょう。今各地で、お母さんたちが中心になって子どもと一緒に学ぶ算数教室を開いています。子育てを共に語り合い学び合えるなかまを親自身がつくっていくことも大切なのではないでしょうか。

教師のみなさんへ―算数授業づくりのポイント

今、子どもたちの多くが「算数嫌い」といいます。子どもたちにとって、算数を「わかって・楽しく・役に立つ」おもしろい教科にしなければなりません。どの子にも、剥落(はくらく)しない算数の力をつけたいと思います。でも、教科の時間が減らされている今、すべての単元をじっくり教えることができません。内容に思いきってメリハリ・軽重(けいちょう)をつけながら、授業を創り出していくことが必要なのではないかと思います。そのために算数のどの領域でも大切にしたいポイントは、次のとおりです。

①子どもたちの声を聴きながら、軽重をつけたカリキュラムを創る
②子どもたちが解き明かしたくなる課題で
③実物・具体物を持ち込み、体を使う授業に
④現実の生活や世界と結びつく内容を創ること
⑤間違いが大切にされ、討論のある授業を創ること
⑥子どもを励ます評価をすること

次に誌面の都合上、各学年で留意したいポイントを簡単に述べます。
《1・2年》
いきなり算数嫌いにならないように気をつけたいですね。

時間数が減って大変ですがあせらず、入門期から具体物を使ったり体を動かしたりしながら、じっくりと数量概念を学習することが重要です。半具体物（タイルが望ましい。入門期はぜひ本物のタイルで）の導入は、子どもたちにとって必然性があるようにていねいに。十進位取り記数法で千兆まで学習するわけですから、大きな数まで一貫してタイルで扱います（扱いが一貫しているのは、学校図書の教科書のみ）。
　「5までの数」「5までのたし算・ひき算」「9までの数」「9までのたし算・ひき算」と、ていねいに段階を追って単元を組替えましょう。「たし算」「ひき算」の世界をしっかりと理解するために、たし算は合併（30ページ）・ひき算は求残（37ページ）をはじめに学習することです。問題作り（親にも作ってもらうとよい）やゲームなども取り入れながらすすめたいですね。
　重要教材の「くり上がり」「くり下がり」は、その前に10以上の数の位取りをしっかり量感を伴って学習する必要があります。私は、タイルと位取りを子どもたちの身近な物にするために、紙芝居やパネルシアターを使ってお話教材を作っています。また計算は、十進位取り記数法を学ぶ面からも「筆算形式」で扱うことが大切です。
　2年生では、2ケタまでのたし算・ひき算を学習し、3ケタのたし算・ひき算は3年生に移行されました。しかし、105－68や78＋46等だけが2年生で扱うようになっています。これは3ケタ計算の特殊型ですから、2年生の子どもたちにはかえって難しいでしょう。これらは、学年や職場で話し合いながら、どう扱うのか考えなければならないと思います（4ケタのたし算・ひき算についても）。
　「九九は唱えられても、かけ算の問題が作れない。」という子どもたちが決して少なくありません。「かけ算」は今まで以上に、意味の学習を重視したいですね。かけ算は「1あたり量×いくつ分」として、たし算の世界との違いを明確にしながら「九九」に終わらせないかけ算学習をつくっていきましょう。（「かけ算の答えはたし算で求められる」（学校図書以外5社の教科書）といった記述がされていますが、たし算の累加の考え方としっかり区別して指導する必要があります。）

《3・4年》
　中学年では、十進数の四則計算すべてを学習し終わることになります。「算数嫌い」が急に増えるのは、抽象的な内容が増え、計算が多くなってくる4年生からです。問題作りやレポートづくり、調査・探検等、子どもが主体的に算数に取り組めるように発展させたり、子どもたちの感想や授業への

姿勢に注意を払って一人ひとりの疑問や願いを受け止めながら、創造的に授業を創りましょう。

　3年の重点教材は、「整数の乗除」です。今回の改訂で、乗法は2ケタ×2ケタまでとなりましたが、306×78などのように空位のある計算は3ケタでしか扱えません。計算の仕方だけではなく、仕組みや意味を学ぶ事が重要なのです。また、中学年では十進構造を小数の世界まで広げて学習します。教科書では小数第1位までとなっていますが、小数の意味を理解するためには、液量などを使って小数第2・3位まで子どもたち一人ひとりが体を通して学べるようにしたいと思います。外延量（がいえん）は「かさ」から「長さ」「時間」「重さ」「面積」などに広げて学習するので、現実の生活や自然・社会と関係がある量として、物や体を使いながら楽しく学習を展開することができます。

《5・6年》

「分数」は、日常的には使わず、割合としてしか使っていないので難しいと思いますが、「量の分数」として学習したいですね。「異分母分数の加減」や「分数の乗除」は、意味の学習を重視しながら、ていねいにわかりやすく楽しく展開する必要があります（真分数同士の計算だけでいいのかどうかも含めて）。「量」の学習では、「内包量」（ないほう）の世界を学ぶ事になります。自然や社会、日常生活と結びつく量なので子どもたちは興味深く学習できます。討論しながらともに学びあう事、探検活動やレポート作りをする等、時間をかけて豊かに展開する必要があります。さらに「比例」の学習でまとめになりますが、「関数的な比例」は中学校にまわし、実験や体験を取り入れて、今までは見えなかった新しい世界と子どもたちを出会わせたいと思います。

「円」の学習では「円周率」を教え込むのではなく、子どもたちが発見し解き明かしたくなるように教材配列を変えることが必要です。歴史のある"円周率"、今でもスーパーコンピューターで計算が続けられている"円周率"に触れると、子どもたちは算数・数学の世界の奥深さに感動できます。

　今回の改訂で「メートル法」はなくなりました。難しい単位換算は必要ありませんが、単位のまとめとして位置付けたいと思います。

　抽象的に理解するだけでなく、それを用いて現実の問題を解決する事や世界を読み解く学習体験を重ね、「自分で考えること」「なかまとともに発見する喜び」を育て、自然に「剝落」しない算数の力、「わかる」「できる」「使える」算数の土台となる力を育てる豊かな授業を創っていくことが大きな課題です。それは子どもが主人公となる学びを創造することなのです。

あとがき
なんだか、イライラ・ムカツクんだ！

　みなさん、いかがでしたか？「そんなにうまくいかないわ。」と、思われたでしょうか？
　私のクラスも、この本で紹介したような授業が、決してはじめからうまくできたわけではありません。雄二君や香さんたちのクラスは、なかなか大変なクラスでした。人数こそ30人以下と少なかったのですが、「やりたくねえ、めんどくせえ。」と騒いでは授業に参加しない子、なんでも暴力で解決しようとする子などが何人もいて、女の子たちはおびえたようにおとなしいクラスでした。
　1年生の復習＝「9までのたし算・ひき算」をしてみると、驚いたことに半数以上の子が指を頼りに計算していたのです。もちろん授業になると、だれもなかなか発言せず、集中もしませんでした。「子どもたちをこのままにして、生き生きと学ぶことはできない。」と悩み、子どもたちと取り組んできたことは次のようなことでした。

　まず、「暴力やイラツキでなく、言葉で表現する力をつけさせたい。」と、日記を書かせました。しかし、「めんどくさい。」と書こうとしない子も多く、書いたとしても「○○して遊びました。おもしろかったです。」で終わり。いくら努力しても、なかなかその状況は変わりません。私は悩んだあげく、次の4つの事を始めました。「朝の発表」と「たんけんはっけんずかん」「えにっき」「むかつき日記」です。そのうちの2つを紹介しましょう。

　「むかつき日記」とは、嫌な事、困ったこと、相手に言いたい文句等を紙に自由に書かせるのです。何かあるとすぐ、「ムカツク！」と騒

ぐ子が多いのですが、何がムカツクのでしょう。「何かはっきりしない、自分のモヤモヤ」…そうした「ムカツキ」を言葉にして書いてみると、子どもたちは何だかスッキリするようでした。「書いて表現する」ことは、自分の考えを整理したりまとめたりする作業が必要なので、とても重要ですね。もちろん友だちへの悪口をみんなで回し読みしたり、特定の子への攻撃に使わないよう、細心の注意をしつつ、あくまでプライベートな日記として書かせる工夫は必要です。

「朝の発表」は、子どもたちの普段の生活や興味・関心のあることを交流する場として始めたものです。自分が得意なこと、大好きなことを発表するのはとても気持ちのよいものです。また、友だちにも「へえ、こんなことを知っていたのか。」と新たな発見があります。毎朝3、4人ずつ発表し、その他の子どもは発表をよく聞いて、「一番興味をもったもの」に挙手投票し、『今日のナンバーワン』を決めるのです。選ばれた発表作品は、子どもたちが自分でパソコンを使って文章にし、それを通信に載せていました。

トトロ人形の発表で自信がついたよ

　香さんは、女の子の友だち同士では主張もはっきりしていましたが、元気のよい男子に圧倒されて授業にも積極的に参加できず、いつもいつも小さくなっていました。
　9月のある朝のことです。そんな彼女が、手作りのかわいい「ドングリのトトロ人形」を発表しました。朝の発表に手作り作品を持ち込んだ第1号です。

　「お母さんと、ドングリのトトロを作りました。わたしもおしえてもらってつくりました。むずかしかったです。」

　「めんどくせえ！」と言っていた子も、今日は興味しんしん。この作

品には、いつになくたくさんの質問がありました。
「どこでとったドングリなの？」
「どうやってつくったの？」
「その耳は何で作ったの？」
「どうやって色をつけたの？」
「私もドングリとったよ。ドングリもまあるいのや小さいのもあるんだよ。」

　次々出される質問に、小さな声で嬉（うれ）しそうに一生懸命答えていた香さん。この日、香さんの発表は『ナンバーワン』に選ばれ、トトロ人形の作り方が教室に貼りだされました。それから教室にはドングリやいろいろな木の実がいっぱい持ち込まれるようになりました。

　次の発表当番のとき、香さんは「まつぼっくりツリー」を作ってきました。これもお母さんとの共同作品でしたが、この日も『ナンバーワン』に選ばれたのです。教室には他の子どもたちが作った「ドングリトトロ」や「まつぼっくりツリー」も並びました。

　香さんのお母さんに会った時、
「香は朝の発表の時間が大好きなんですよ。『何を発表しようかな？』といつもとても楽しみにしているんです。」
と話されていました。あんなに小さくなっていた香さんが、その頃は授業でも自信を持って発言するようになって、積極的に学習に取り組むように変わっていったのです。

　変化したのは香さんだけではありません。イライラで暴力的な雄二君も、101ページで紹介したように積極的に授業に取り組み、計算問題を自分から解くようになっていったのです。

　変わるきっかけは、その子によっていろいろですが、変わるチャンスをたくさん用意してあげたいですね。

あとがき　165

さて、「親たちが楽しく読め、算数学習のおもしろさを知ることができる本を。」とすすめられて2年半。やっと1冊の本に仕上がりました。読者のみな様の率直なご意見・ご批判をお待ちしております。本書の続編として、『小学4～6年』編も出版予定ですので、ご期待ください。

　この2年半のうちに、新学習指導要領・完全学校5日制をめぐって、文部科学省・財界・マスコミから様々な問題が取り上げられ、教育現場も大きく動いてきました。学校や子どもたち、子育てをめぐる様々な状況は、決して明るいとばかりは言えません。でもこの本が、学校現場や子育てに関わる人たちにとって、算数教育を考える一助になれば幸いです。

　この本を作るにあたり、参考にさせていただいた多くの先輩方、時々に適切なアドバイスを下さった研究者や教師仲間のみなさん、そして大変お世話になった一声社の米山傑氏に、この場をお借りして厚くお礼を申し上げます。

〈参考文献〉
『わかる算数指導法事典』（銀林浩監修　明治図書出版）
『算数大好きにする意味の授業26章』（笠井一郎・西尾恒敬・畑野和子著　あゆみ出版）
『学研図鑑　数・形』（学習研究社）
『算数・数学　なぜなぜ事典』（銀林浩編　日本評論社）
『数　いまとむかし』（アービング・アドラー、ルース・アドラー著　福音館書店）

計算しりとり（53ページ）

＊Ｂ５用紙・140％拡大コピー・切り離して使って下さい。

$3+7=10$	$6-3=3$
$10-9=1$	$1+3=4$
$9-7=2$	$4+3=7$
$2+4=6$	$7-2=5$

$5-4=1$	$8-5=3$
$1+1=2$	$3+6=9$
$2+7=9$	$9-3=6$
$10-2=8$	$6+4=10$

オーノー19 (55ページ)

＊B5用紙・140％拡大・6枚コピーし切り離して使って下さい。

1	ひく1
2	ひく2
3	ひく3
0	リバース

サイコロ コロコロ （74ページ）

＊コピーして工作用紙などの厚紙に貼って下さい。B5用紙にコピーする時は、140％に拡大して下さい。

＊実線は切り取り、点線は全て山折り。

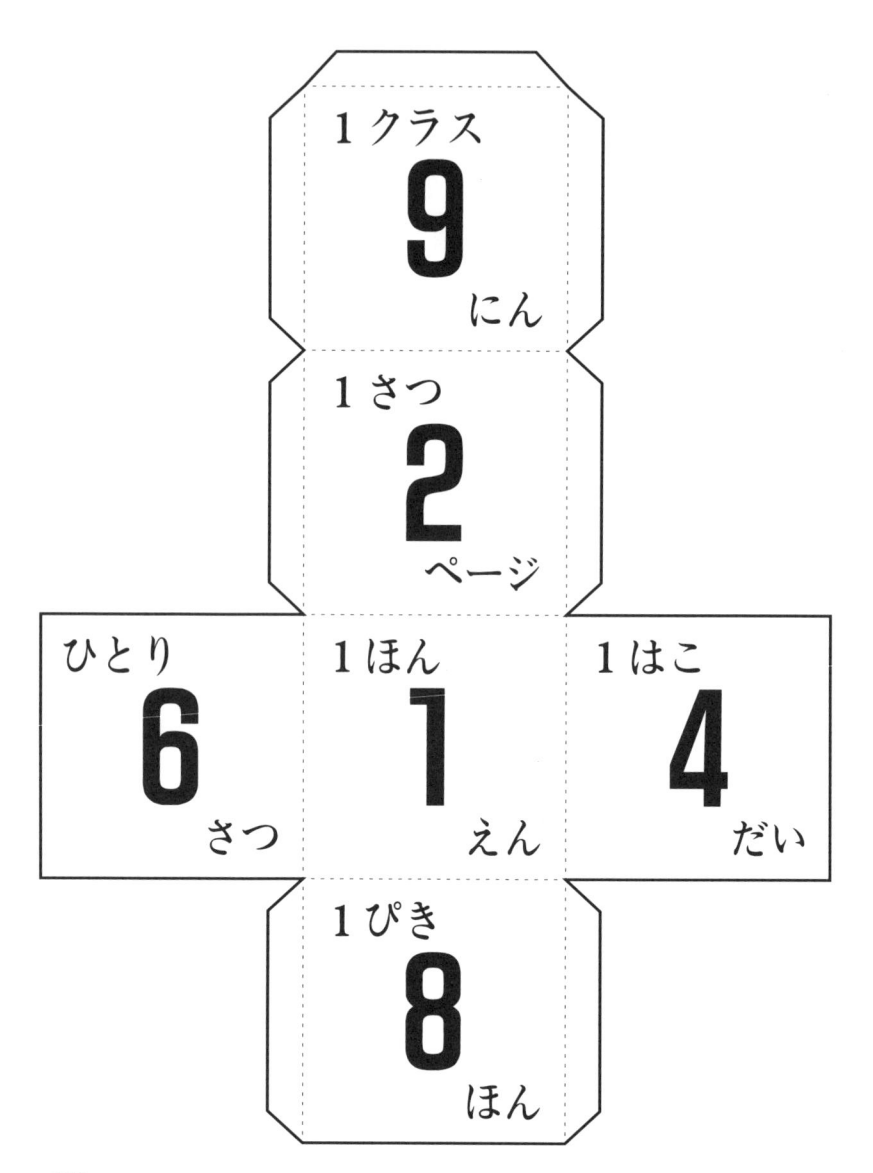

1クラス
9
にん

1さつ
2
ページ

ひとり
6
さつ

1ほん
1
えん

1はこ
4
だい

1ぴき
8
ほん

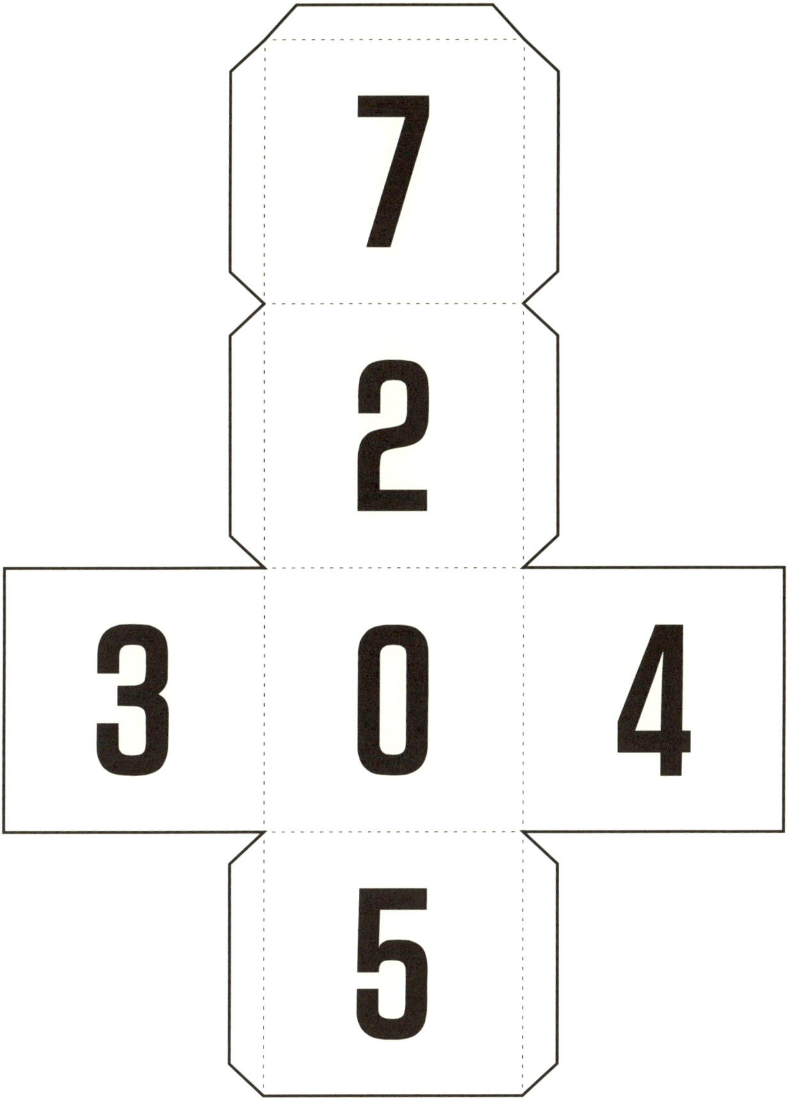
7
2
3
0
4
5

『九九の手帳』の作り方・使い方

＜作り方＞

① 右ページをコピーします。（B4の用紙に180％拡大で）
② まわりの線にそって切りとり、中央の太線に切れ目を入れます。
③ A-B線を山折りにし、半分に折ります。
④ 中央の切れ目を、★と★が離れ●と●がくっつくように折ります。
⑤ ……を谷折り、----を山折りにし、「2のだん」を表紙に「9のだん」を裏表紙にすれば、出来上り。

（右ページを拡大コピーせずに、同じ要領で「お母さん手作りの手帳」を持たせても、子どもは喜びます）。

＜使い方＞

＊ たくさんコピーして作っておくと、なくなっても平気なので子どもは安心します。
＊ かけ算の問題を解く時に、「九九を覚えていないからできない」とあきらめている子もいます。この手帳があれば勇気がわいてきます。
＊ タイル図も書いてあるので、かけ算の意味を復習するのにも役立ちます。暗記しているだけの九九にたよるよりも、かえって理解が深まる子もいます。

（右ページの型紙では、紙面の都合上「2のだん」と「3のだん」だけにタイル図を書いています。）

九九の手帳（B4用紙、180％拡大コピー）

2のだん
2 × 1 = 2　にいちが２
2 × 2 = 4　ににんが４
2 × 3 = 6　にさんが６
2 × 4 = 8　にしが８
2 × 5 = 10　にご じゅう
2 × 6 = 12　にろく じゅうに
2 × 7 = 14　にしち じゅうし
2 × 8 = 16　にはち じゅうろく
2 × 9 = 18　にく じゅうはち

3のだん
3 × 1 = 3　さんいちが３
3 × 2 = 6　さんにが６
3 × 3 = 9　さざんが９
3 × 4 = 12　さんし じゅうに
3 × 5 = 15　さんご じゅうご
3 × 6 = 18　さぶろく じゅうはち
3 × 7 = 21　さんしち にじゅういち
3 × 8 = 24　さんぱ にじゅうし
3 × 9 = 27　さんく にじゅうしち

4のだん
4 × 1 = 4　しいちが４
4 × 2 = 8　しにが８
4 × 3 = 12　しさん じゅうに
4 × 4 = 16　しし じゅうろく
4 × 5 = 20　しご にじゅう
4 × 6 = 24　しろく にじゅうし
4 × 7 = 28　ししち にじゅうはち
4 × 8 = 32　しは さんじゅうに
4 × 9 = 36　しく さんじゅうろく

9のだん
9 × 1 = 9　くいちが９
9 × 2 = 18　くに じゅうはち
9 × 3 = 27　くさん にじゅうしち
9 × 4 = 36　くし さんじゅうろく
9 × 5 = 45　くご しじゅうご
9 × 6 = 54　くろく ごじゅうし
9 × 7 = 63　くしち ろくじゅうさん
9 × 8 = 72　くは しちじゅうに
9 × 9 = 81　くく はちじゅういち

5のだん
5 × 1 = 5　ごいちが５
5 × 2 = 10　ごに じゅう
5 × 3 = 15　ごさん じゅうご
5 × 4 = 20　ごし にじゅう
5 × 5 = 25　ごご にじゅうご
5 × 6 = 30　ごろく さんじゅう
5 × 7 = 35　ごしち さんじゅうご
5 × 8 = 40　ごは しじゅう
5 × 9 = 45　ごっく しじゅうご

8のだん
8 × 1 = 8　はちいちが８
8 × 2 = 16　はちに じゅうろく
8 × 3 = 24　はちさん にじゅうし
8 × 4 = 32　はちし さんじゅうに
8 × 5 = 40　はちご しじゅう
8 × 6 = 48　はちろく しじゅうはち
8 × 7 = 56　はちしち ごじゅうろく
8 × 8 = 64　はっぱ ろくじゅうし
8 × 9 = 72　はっく しちじゅうに

6のだん
6 × 1 = 6　ろくいちが６
6 × 2 = 12　ろくに じゅうに
6 × 3 = 18　ろくさん じゅうはち
6 × 4 = 24　ろくし にじゅうし
6 × 5 = 30　ろくご さんじゅう
6 × 6 = 36　ろくろく さんじゅうろく
6 × 7 = 42　ろくしち しじゅうに
6 × 8 = 48　ろくは しじゅうはち
6 × 9 = 54　ろっく ごじゅうし

7のだん
7 × 1 = 7　しちいちが７
7 × 2 = 14　しちに じゅうし
7 × 3 = 21　しちさん にじゅういち
7 × 4 = 28　しちし にじゅうはち
7 × 5 = 35　しちご さんじゅうご
7 × 6 = 42　しちろく しじゅうに
7 × 7 = 49　しちしち しじゅうく
7 × 8 = 56　しちは ごじゅうろく
7 × 9 = 63　しちく ろくじゅうさん

めいろ（76ページ）

* B5用紙・140％拡大して使って下さい。
* 書き入れる数字は、76ページを参考にしてご自由に。手作りの「めいろ」で遊びましょう。

渡辺恵津子（わたなべ・えつこ）

1951年埼玉県川口市生まれ
1973年埼玉大学教育学部卒
現在　大東文化大学文学部准教授
日本生活教育連盟　研究部員、さいたま教育研究所所員

〔主な著書〕
『こどもといっしょに　たのしくさんすう』小学4～6年（一声社）
『算数パワーシート1年』『これならできる総合学習107名の実践集』（以上、民衆社）
『『教え』から『学び』への授業づくり　算数』共著、『こうすれば学校は変わる─新学習指導要領と私たちの提言』共著（以上、大月書店）
『ともにつくる総合学習』共著（新評論）
『『学力』を問う』共著（草土文化）
『小学校2年生の大研究』『基礎・基本の大研究』共著（以上、子どもの未来社）
『いきいき算数1年の授業』（ひまわり社）
『希望をつむぐ学力』共著（明石書店）

こどもといっしょに　たのしくさんすう　小学1～3年
―考える力を育てる学習法―

2002年 6月30日　第1版第1刷発行
2015年12月25日　第1版第6刷発行
著　者　渡辺恵津子Ⓒ
装画・イラスト　せきしいずみ
発行者　米山　傑
発行所　㈱一声社
　　　〒113-0033　東京都文京区本郷3-11-6　浅香ビル1F
　　　TEL 03(3812)0281・FAX 03(3812)0537
　　　e-mail　info@isseisha.net　URL http://www.isseisha.net
印刷所　壮光舎印刷株式会社

　この本に関するご質問や著者へのお問い合わせは、e-mailかお便りで一声社までお気軽にどうぞ。

ISBN 978-4-87077-170-3　Ⓒ Etsuko Watanabe 2002　乱丁・落丁本はお取替え致します。

おはなし会、保育園&幼稚園、子育て支援で 爆発的大人気！

実演動画をYouTubeにアップ！（演じ方の参考に）
http://www.youtube.com/user/isseisha

藤田浩子の おはなしの小道具セット①〜⑥

藤田浩子&小林恭子【作】
価格 各 本体 1200円＋税

❶ おばあさんとぶた & 変身泥棒（手品）
横に引き出して並べながらお話しする紙芝居「おばあさんとぶた」。
泥棒が町娘に早変わりする「変身泥棒」（アッと驚く手品仕掛け）（同じ仕組みのサンタクロース編付）。

❷ いないいないばあ & コートの話（紙折り話）
犬・ウサギ・おばけなどが「いないいない」の顔から「ばあ」に変身！（4種類付）、
大きな紙を次々に折りながらお話する「おじいさんの大事なコート」（おばあさん編付）。

❸ わらぶき屋根の家 & くるくる変わり絵
横に引き出して伸ばす紙芝居「わらぶき屋根の家」&「林の中から」。
卵→青虫→さなぎ→蝶と、1枚の紙の絵が次々に変わる不思議な「くるくる変わり絵」（ニワトリ編付）。

❹ りす（回転紙芝居）& レストラン（手品）
上部リングで繰り返し・自由自在に紙芝居「りすとドングリ」。
子どもが選んだメニューをずばり当てる大人もビックリの手品「レストラン」（お食事編&デザート編付）。

❺ 森までドライブ & 頭肩ひざポン！& きりなし絵本
迷路遊び「森までドライブ」。参加者全員で盛り上がる「頭肩ひざポン！」。
何度も繰り返しお話する絵本「あれだけは苦手」。手品みたいに不思議な「大きな箱」。

❻ ひつじがいっぴき & にらめっこだるま
円盤を回転すると、ひつじが一匹ずつ出て来て、ぴょ〜んと柵をとびこえる、歌に合わせて楽しめる
「ひつじがいっぴき」と、円盤を回転させて、いろんな顔を出すだるまさんのセット。

おばけの森

藤田浩子・小林恭子【作】
A3判・本体 2000円＋税

子ども参加型・冒険迷路ゲーム。カードごとの分かれ道で、行く道を子どもが選ぶ。少人数でも、クラス全員など大人数でも楽しめる。6枚9場面のカードの「表裏&順番」を入れ替えて、いつも新鮮な道に。子どもが絶対に道を覚えられない「秘密の仕掛け」が大人気！

一声社

〒113-0033 東京都文京区本郷3-11-6 浅香ビル1F
Tel.03(3812)0281　　Fax.03(3812)0537
ホームページ　http://www.isseisha.net